The Purpose of Life (Chinese version)
By Kentetsu Takamori
Published by Ichimannendo Publishing, Inc. (IPI)
970 West 190th Street, Suite 920, Torrance, California 90502
© 2025 by Kentetsu Takamori. All rights reserved.
Translated and adapted by the "*The Purpose of Life*" translation team

Illustration by Hidekichi Shigemoto
Cover design by Kazumi Endo

First edition, February 2025
Printed in Japan

No part of this book may be reproduced in any form without permission from the publisher.

This book was originally published in Japanese by Ichimannendo Publishing under the title
Jinsei no mokuteki — Tabibito wa, mujin no koya de moko ni deau.
© 2023 by Kentetsu Takamori

Distributed in the United States by Ichimannendo Publishing, Inc. (IPI)
970 West 190th Street, Suite 920, Torrance, California 90502
Distributed in Japan by Ichimannendo Publishing Co. Ltd.
2-4-20-5F Kanda-Ogawamachi, Chiyoda-ku, Tokyo 101-0052
info@10000nen.com   www.10000nen.com

ISBN 978-0-9601207-6-5

ISBN 978-4-86626-094-5

人生的目的

超越衰老、疾病和死亡的幸福

高森显彻

目录

第一章

我，到底是怎样的存在？ ⋯⋯⋯⋯9

我到底是怎样的存在？
——如果没有正确了解这一点，就无法得到幸福

第二章

释迦牟尼佛的譬喻，
是在告诉我们什么？ ⋯⋯⋯⋯35

1 在无人旷野中独行的旅人 ⋯⋯⋯⋯36

- ◆ 孤独到底来自哪里
- ◆ 有相遇，就必定有别离
- ◆ 即使生活在一起也无人理会
- ◆ 无论多么热闹，心中总有莫名的孤寂

2 散落在旷野中的白骨 ⋯⋯⋯⋯44

- ◆ 为白骨而震惊的旅人
- ◆ 自己，也会变成这样的白骨

3 **紧逼而来的老虎** ································ 48

◆ 死亡，会突然从背后袭来

◆ 葬礼并非永远只是他人的

◆ 快被追上的旅人抛弃了金银财宝

4 **悬崖上的松树** ································ 58

◆ 所有的一切最后都会离开自己

5 **纤细的藤蔓** ································ 62

◆ 越感到生命的短暂，越能活得像个人

6 **陷入绝境的旅人** ································ 66

◆ 无论多么强烈的恐惧，都会逐渐淡化

7 **黑老鼠和白老鼠** ································ 70

◆ 白天与黑夜在交替缩短我们的生命

8 三条毒龙 72

- ◆ 三个"有毒的烦恼"
- ◆ 无限的欲望
- ◆ 愤怒的火焰
- ◆ 丑陋的嫉妒之心

9 怒涛翻滚的深海 80

- ◆ 善因善果，恶因恶果
- ◆ 语言的利刃，不知伤害了多少人
- ◆ 不杀生就无法活下去
- ◆ 浦岛太郎真的是心地善良之人吗?
- ◆ 所有人都是恶人，这个说法很荒谬吗?
- ◆ 恶人行恶，从苦入苦
- ◆ 任何言语都无法形容地狱的痛苦
- ◆ 以人的智慧无法明白"死后会怎样"

10 五滴蜂蜜 106

- ◆ 具有魔力的五欲
- ◆ 教语开示，信用者少

第三章

照亮绝望暗夜的光明 ·········· 113

怎样才能拯救身处险境
却只想着蜂蜜的旅人？

- ◆ 阿弥陀佛的本愿
- ◆ 人身难得今已得
- ◆ 今生正是脱离苦界的大好机会
- ◆ 生而为人的唯一目的

附 录

释迦牟尼佛是怎样的人？ ·········· 134

- ◆ 寻求超越衰老、疾病和死亡的幸福
- ◆ 佛经，是释迦牟尼佛的演讲记录

后 记

活在"无碍之一道"中
——人生的目的与《叹异抄》 ·········· 142

第一章

我，到底是怎样的存在？

我到底是怎样的存在？

——如果没有正确了解这一点，就无法得到幸福

　　请看第一页的彩图。这幅画描绘的是名为"人的实相"的譬喻故事。大约两千六百年前，在印度讲说了佛教的释迦牟尼佛，面向大众讲法时讲说了这个故事。

　　在怒涛翻滚的深海上方，一个旅人抓着纤细的藤蔓悬挂在半空中——这就是释迦牟尼佛讲说的所有人的真实样子，也就是人的实相。

时光流转，大约两千四百年后。

一直在探求"人为何物"的俄罗斯文豪托尔斯泰得知了释迦牟尼佛的这个譬喻，为之惊叹不已："这并不是什么寓言故事，而是一个真实的、无可争议的、众人皆知的真理。"

那么，令托尔斯泰受到如此震撼的释迦牟尼佛的譬喻，到底是怎样的一个故事呢？

有一次，在释迦牟尼佛为大众讲法的时候，一国之君胜光王也来到了听法会场。

面对第一次聆听佛的教导的胜光王，释迦牟尼佛如同与他交谈一样，和蔼地开始了讲法。

首先，如果没有正确理解"我是什么样的人""人是怎样的存在"，我们就不会知道人生的目的，也无法得到幸福。

所以今天，我会通过一个譬喻，讲说"我们人的实相"。

胜光王啊，那是在距今几亿年前的往昔。

有一个旅人，独自一人默默地行走在野草丛生的无边的旷野。

正值草木枯黄、寒风萧瑟的季节，夕阳落下之后，暮色降临，周围显得更加冷清。

旅人加快了回家的步伐。不久，他开始注意到，在昏暗的旷野小路上，星星点点地散落着一些白色的东西，不由得停下了脚步。

这到底是什么呢？旅人捡起那白色的东西仔细一看，不禁大吃一惊。这不是人的白骨吗？

这里既不是火葬场，也不是墓地。在这个旷野的小路上，为什么会散落着这么多人的白骨呢？

旅人感到毛骨悚然，站在原地四处张望。

很快，他就听到从前方传来了异样的低吼声和脚步声。

旅人竖起耳朵，透过昏暗的光线凝视前方，隐约看到一只凶猛狰狞的老虎，正在朝这边靠近过来。

瞬时间，旅人凭直觉知晓了白骨的来历——四处散落的白骨，一定是和自己一样走在这旷野中的旅人，被那只老虎吞食后留下的残骸。

而与那些人相同的命运，眼看就要发生在自己身上！察觉到这个危机，旅人立刻不顾一切地调转方向，朝着来路竭尽全力拼命地逃跑。

一开始，旅人是背着行李跑的，里面装的都是他外出赚钱挣来的金银财宝。但是很快，他就把这些全都扔到了路边，继续狂奔。

然而，人终究跑不过老虎。
老虎不断地逼近，和旅人之间的距离越来越短。

不久，旅人已经感觉到了老虎发出的粗重的喘息声。就在旅人以为逃无可逃，开始感到绝望的时候，他发现自己不知怎么跑错了路，被逼到了悬崖边上。而身后的老虎，像是断定他已经逃不掉了一样，从容地向他逼近过来。

这时，旅人突然看到悬崖边有一棵大松树。他本想爬到树上躲过老虎，又想到老虎是猫科动物，擅长爬树，最终还是难逃一死，于是放弃了这个念头。

与此同时，旅人也看到在松树下方粗壮的树枝上，有一根藤蔓延伸出来垂挂在峭壁上。千钧一发之际，旅人毫不犹豫地顺着藤蔓滑了下去。

真是九死一生，旅人总算松了一口气。逃过一劫的旅人望向头顶上方，发现老虎早已伫立在悬崖边上，正恼怒万分地瞪着自己嘶吼。

"好险啊，多亏有这根藤蔓才捡回了一条命"。旅人刚刚放下了心，又马上"啊"地一声尖叫起来。原来，旅人看到了自己的脚下：在藤蔓下方，是波涛汹涌、深不见底的大海，惊涛骇浪正不断地拍打着崖壁，浪花飞溅。

不仅如此，在深海的波涛之间，还有蓝色、红色与黑色的三条毒龙，正向上张开血盆大口，等着旅人掉落下来。

这副情景实在是太过恐怖，旅人吓得浑身发抖，他忍不住一次又一次紧紧地抓住手中的藤蔓。正可谓"前门拒虎，后门进狼"，旅人陷入了命悬一线的绝境。

然而，无论是多么强烈的恐惧、悲伤，人的情感都会随着时间的流逝而逐渐淡化。

到了这个地步，旅人觉得再怎么挣扎都无济于事，反而想开了，心也稍微安定了下来。这时候，他突然感到饥饿难耐，于是开始四处张望，寻找有没有什么可吃的食物。

就在旅人把目光转向头顶上方的时候，比之前任何情景都更加恐怖、更令人震惊的画面映入了他的眼帘。

在藤蔓的根部，出现了一只白老鼠和一只黑老鼠。这两只老鼠居然在交替啃咬着藤蔓！藤蔓就是旅人的救命绳，如果放任不管的话，很快就会被黑老鼠或是白老鼠咬断，旅人必定会成为三条毒龙的盘中餐。

意识到如此巨大的危机正在时刻逼近自己，旅人吓得面色苍白，浑身发抖，牙齿也咯咯作响。

然而，就连这样迫在眉睫的危机所产生的恐惧，也没有持续多久。

当务之急，是必须尽快把老鼠赶走。旅人开始拼命地摇晃藤蔓。然而，不管他怎么摇晃，老鼠啃咬藤蔓的节奏都没有被打乱，看不出丝毫变化。

只是，每当旅人摇晃藤蔓的时候，都会有什么东西掉落下来。旅人忍不住伸手去接，仔细一看，发现这竟然是蜂蜜！

原来，蜜蜂在藤蔓的根部做了一个蜂巢。因为旅人剧烈地摇晃藤蔓，蜂蜜就从这个巢里滴落下来了。

饥肠辘辘的旅人看到是蜂蜜，不禁用舌头舔了一下，甜美的滋味立刻渗透到五脏六腑，融化了他的身心。

旅人的整个身心都成为了蜂蜜的俘虏。他把迫在眉睫的众多危机全都忘到了脑后，心里想的唯有怎样才能摇落更多的蜂蜜，让自己得到更多的快乐。

释迦牟尼佛讲到这里，胜光王震惊无比，忍不住站起来说道："佛陀，这是个多么可怕的故事啊! 我再也听不下去了。这个旅人怎么那么愚蠢呢?! 他明明知道自己身处绝境，却怎么还能一心只想着蜂蜜那种东西呢? 他真的是太愚蠢了，我实在听不下去了。"

面对难以置信的胜光王，释迦牟尼佛平静地开口说道："胜光王啊，请你仔细聆听。这个旅人，正是你自己啊。"

"诶? 为什么说是我……"

"不，不仅是你一个人。这是古往今来这世上所有人的真实样子啊。"

听到释迦牟尼佛的话语，在场的听众全都大吃一惊，纷纷站了起来。

之后，等到所有人都安静下来，释迦牟尼佛开始详细地为大家讲解，在这个譬喻中所提到的人、事、物，分别都具有什么样的含义。

第二章

释迦牟尼佛的譬喻，
是在告诉我们什么？

在无人旷野中独行的旅人

"独自行走在无人旷野中的旅人",指的是古今中外所有的人。

把人比喻成"旅人",这在世间的歌曲等作品中也并不少见。我们从昨天来到今天、又从今天走向明天,这一点和旅行中的人非常相似。

在旅途中,并不都是晴朗的好天气。既有刮风、下雨、下雪的日子,也有台风肆虐的时候。而且,道路也不都是平坦的,既有上坡路,也有下坡路。

同样,我们的人生之旅也是如此,既会有悲伤难过的事情,也会有面临困境的时候,并不都是一帆风顺的。

孤独到底来自哪里

虽然每个人的人生之旅各不相同,但是所有的旅人都有一个共通点。

那就是，全都是独自一人的孤独旅程。

可能有人会反驳说："这么说很奇怪啊。我有父母，有兄弟姐妹，有伴侣，有孩子，还有很多好朋友。绝对不是孤独一人呀。"

从肉体上来说确实如此，但是释迦牟尼佛告诉我们，在我们的心灵深处有一个秘密的仓库，对任何人都无法真正地敞开心扉。

所以，无论身边围绕着多少人，我们的心里一直都会有孤独寂寞的感觉。

这正是譬喻中所说的"独自行走在无人旷野中的旅人"的感觉。

关于这种孤独，释迦牟尼佛是这样教导我们的：

独生独死，独去独来。　　　　　*《大无量寿经》*

（一个人出生，又一个人死去；一个人到来，又一个人离开。）

我们出生的时候是一个人，死去的时候也是一个人。独自一人来到这个世上，也不得不独自一人离开。

释迦牟尼佛告诉我们说：从始至终，我们都是孤单单的一个人，都是孤独的。

有相遇，就必定有别离

1999年，被誉为日本最具才华的作家江藤淳亲手为自己六十六年的生涯画上了终止符。他被发现倒在自己镰仓的家里，此时距离他的妻子庆子去世还未满一年。

为了"彻底地描述出妻子的死和自己的危机"，江藤淳执笔写作了《妻子和我》。事实上，这也成为了他的遗书。

妻子自言自语地轻叹："一切都结束了。"

她凄凉的声音深深地回荡在我的心里，我却无言以对。其实，这个时候，我也从内心深处意识到了：无可奈何地，"一切都结束了"。（中略）

大概是由于药物的作用，妻子看上去心情舒畅。她的脸上露出平静的微笑，凝视着我，说道："我们去过很多地方啊。"（中略）

"是啊，每个地方都很有意思。"我回答说。但是，"我们还要一起去"这句话却怎么也说不出来。泪水不由自主地涌出来，我急忙躲到小厨房里。

江藤淳《妻子和我》

妻子去世以后，他的生活目标不复存在，剩下的只是等待死亡的孤独的时间。

只要妻子一息尚存，就要陪伴着她直到最后一刻，绝不让她感到孤单。这曾是我明确的目标。如今妻子已经逝去，我的目标已不复存在。唯有孤独地等待死亡的时间紧紧抓住我的身心，一分一秒地把我赶往毫无意义的死。

江藤淳《妻子和我》

这本描述了无尽的惆怅与伤感的手记，在出版后马上引起了很大的反响。

在江藤淳去世两个月前，作家高井有一曾经听到他说过这样的话："晚上还好些，白天一个人呆在家里的时候实在难熬。空荡荡的屋子里可以看清每一个角落，那种空虚的感觉深入骨髓。"

在释迦牟尼佛的教导中，有一个词语叫做"会者定离"。意思是说，相遇之人必定会别离。

无论是夫妻、恋人、伴侣，还是父母、孩子、好友，有相遇，就必定会有别离的时候。而当自己死去的时候，就必定会与深爱的人们永远分离。

即使生活在一起也无人理会

或许和家人生活在一起的话，这种孤单一人的孤独感会稍微减少一些。

然而，有调查结果显示，在自杀的老年人中，占比最高的却是三世同堂的老人。孤独虽然也是痛苦的，但是那种即使生活在一起也无人理会、孤单一人的凄凉，似乎更是令人难以忍受的痛苦。

在黑泽明导演的电影《生之欲》里，有这样一幕场景。

◆　　　　◆　　　　◆

主人公渡边勘治是市政府市民科的科长。有一天，他因为难以忍受的胃痛请假去医院看病，结果发现已经是胃癌晚期。面对死亡的恐怖瑟瑟发抖的人，第一个想要依靠的就是家人。

渡边的妻子很早就去世了，他独自一人把孩子抚养长大。这个儿子是他唯一的指望。

渡边回到了家里。为了和儿子商量，他坐在儿子的房间里等候，结果听到了外出归来的儿子与儿媳的对话。

原来，儿子打算等父亲退休后，用父亲的退休金另建新居，和妻子享受二人世界。渡边听到后深受打击，失望和沮丧让他甚至无法开口对儿子说出自己的病情。

渡边一个人蜷缩在阴冷黑暗的房间里，从二楼儿子夫妇的房间传来了欢快的音乐声，这让他更加感到绝望和孤独。

妻子早逝后，也曾有人给他介绍过再婚的对象，但是他为了儿子拒绝了，一直默默埋头工作，直到今天。

他不由回忆起那些充满了父子亲情的点点滴滴：

妻子去世后，他与儿子依依不舍地看着灵柩车渐渐走远，只留下父子二人彼此相守。

儿子在棒球场上大显身手，他在场外为儿子加油打气。

儿子因病被送进手术室，他在旁边说着安慰的话语……

那时候，儿子只有父亲一人可以依靠，父子之间有着深厚的感情。

然而到了现在，一切都只是一场梦而已。

当父亲把最后的指望放在孩子身上，想要依靠孩子的时候，孩子的心却已经远离。渡边唯有将身体埋进被子里低声啜泣，压抑的哭声犹如痛苦的呻吟。

无论多么热闹，心中总有莫名的孤寂

或许有人会说，我有心灵相通的伴侣，有体贴照顾我的家人，有相识多年的至交好友，至少现在并不感到孤独。

但是释迦牟尼佛教导我们，无论身边有多么值得信赖的人，我们的灵魂一直都是孤单、寂寞的。不管身边有多少人围绕，我们的心里都会有种莫名的孤独。

芥川龙之介*在自杀前曾这样说过："虽然热热闹闹地聚集着很多人，我却是寂寞的。"

我们都在寻求能够深入理解自己的人，并且去信赖这样的人，亲近这样的人。

然而，即使有这样可以信任的父母、孩子、伴侣、好友，我们能做到不隐瞒心中的任何想法，毫无保留地全都坦露给对方吗？每个人，都有一颗无法向任何人倾诉的孤独的心。

---

*芥川龙之介(1892—1927)：日本小说家。代表作有《罗生门》《竹林中》等。

释迦牟尼佛这样告诉我们："所有人都隐藏起自己的孤独寂寞，表面上做出一副欢欣热闹的样子，内心却总是在为了排遣孤独而煞费苦心。人们为此去做各种尝试：外出旅行，品尝美食，或是欣赏音乐和艺术等等。人们以为在拥挤的人群中参加庆典或集会，多少能忘记一些孤独和寂寞。然而这些努力，都只是暂时见效而已。"

为什么我们无论做什么都无法排遣孤独呢？释迦牟尼佛教导说，那是因为我们心中有一个秘密的仓库。这个仓库的大门没有打开的话，正所谓"欢乐极兮哀情多"，短暂的欢喜和快乐结束之后，孤独感只会变得越发强烈。

释迦牟尼佛在譬喻中将这样的我们比喻为在旷野中独自一人默默前行的旅人，并且还告诉我们，这样孤独的旅程，不仅在此世，未来也将会永远持续下去。

散落在旷野中的白骨

为白骨而震惊的旅人

急着赶路回家的旅人,发现在昏暗的旷野小路上,星星点点地散落着一些白色的东西,不由得停下了脚步。

这到底是什么呢?旅人捡起一个白色的东西仔细一看,不禁大吃一惊:这不是人类的白骨吗?!

旅人捡起散落在旷野中的白骨大为震惊,这比喻的是我们在日常生活中,听到或是看到朋友或认识的人突然死去而为之震惊的情形。

在这个可以通过电视、收音机、网络等迅速得知世界新闻的时代,每天都有因为战争、恐怖事件、自然灾害、事故、疾病等导致死亡的报导。而比起遥远的异国他乡,身边的亲朋好友的死亡,更会带给我们强烈的冲击。

自己，也会变成这样的白骨

旅人在旷野中捡起白骨，是在暮色降临、光线昏暗的时候。

他停下了脚步开始思考：

这里既不是墓地，也不是火葬场……为什么会散落着人类的白骨呢？

一时间，旅人伫立在原地陷入了沉思。但是很快他就想到：这一定是和自己一样，行走在这个旷野中的旅人死去后留下的白骨。

做出这样的判断后，旅人意识到自己不久或许也会变成这样的白骨，顿时感到不寒而栗。

就在这时，从前方远远地传来了异样的低吼声和脚步声。到底是什么呢？旅人透过昏暗的天色凝视前方，看到一只凶猛狰狞的老虎，正在朝这边靠近过来。

旅人瞬时间恍然大悟：那些散落的白骨，必定是被这只老虎吞食后留下的残骸！

在今天，通过电视、收音机、报纸等等，我们每天都能听到、看到很多关于死亡的报导。可以说，我们就像是譬喻中的旅人，走在到处都散落着白骨的旷野上。

对于这个白骨散落的旷野，净土真宗[*]的莲如上人[*]在《白骨之章》中有过这样写实的描述："**朝尚红颜，夕成白骨之身也。**"

早上还高高兴兴地出门，傍晚却已经不在人世，这样的事情并不少见。相信有不少人都曾经历过亲人的突然离世，为此感到震惊、哀叹，伤心欲绝吧。

接下来，莲如上人又这样告诉我们：

> **无常之风既来，则双眼立闭，一息永绝。红颜陡变，失桃李之色时，虽六亲眷属集聚悲叹，更只徒然。**
>
> （中略）
>
> **虽不愿分离，无奈送至野外，化做夜半青烟，唯留白骨矣。人凄惨之相，实难以言喻。** 《白骨之章》

俄罗斯文豪托尔斯泰在将近五十岁的时候，也是由于身边散落的无数白骨，而惊觉死亡的阴影同样会降临到自己身上。他写下了这样的文字：

> **我只是惊讶，对这样的事为什么当初无法理解？这种事不是自古以来人人皆知的吗？**

---

*净土真宗：日本净土佛教的一个宗派，奉亲鸾圣人为祖师。

*莲如上人（1415—1499）：亲鸾圣人的后裔，净土真宗中兴之祖。

如果今天抑或明天，疾病、死亡降临在我所爱的人或是我自己头上（其实以前就曾有过），除了死的腐臭和蛆虫，不会留下任何别的东西。

我的工作，不管取得多么辉煌的成就，迟早都会被人忘得一干二净，我也将会死去。

如果这样的话，为什么还要辛辛苦苦地活着呢？

人们竟然察觉不到这一点!——这实在令人震惊!沉醉在甜蜜生活之中的时候，也许还能活下去，但一旦清醒过来，就会发现这一切都是欺骗，而且是愚蠢的欺骗。 托尔斯泰著《忏悔*》

---

*托尔斯泰著《忏悔》：译自日文版《忏悔》（中村融译）。

紧追而来的老虎

"老虎",指的是无常（死亡）。"紧追而来的老虎",比喻的是死亡会突然袭来。

尽管死亡是所有人确凿无疑的未来,却极少有人会认真地思考这件事情。

遇到自己的亲朋好友或是认识的人突然死去,不得不思考死亡的时候,虽然也会感觉到令人战栗的不安和恐惧,但那都只是暂时性的吧。

很快,我们的心就会被眼前的事情所占据,忙着处理工作、人际关系、经济问题,或是治疗疾病、照护父母、养育孩子等等,而将死亡抛到脑后。

死亡,会突然从背后袭来

即使承认死亡是自己百分之百确凿无疑的未来,我们也还是会把它当作遥远的事情放置一边,每天都为眼前的琐事忙得不可开交，刻意不去思考自己的死亡。

然而，在这样的我们的身后，却有一只老虎正悄无声息地步步逼近，然后在某个时候，一下子从背后突然袭来——这就是死亡。死，不仅是所有人确定无疑的未来，而且还是不知何时就会突然到来的不速之客。

在镰仓时代的古典文学作品《徒然草》中，有这样一句告诫："死亡未必从前至，同时兼自身后来。"

作者忠告说：如果死亡必定会从前方到来的话，我们就会有心理准备，知道死亡将要到来。然而死亡却是为了不让我们察觉到，从背后悄悄接近过来的。

释迦牟尼佛的教导里，有一个词语叫做"老少不定"。就是说，关于死亡，并非一定就是年纪大的人（老）先死去，年纪小的人（少）后死去。

如果是从年纪大的人开始按顺序死亡的话，年轻人还可以安心，知道自己暂时不会死。

然而现实却是，年轻力壮的儿女先于年老的父母突然死去，这种白发人送黑发人的事情屡见不鲜。即使是青年或儿童，也会因突发的事故或灾害失去鲜活的生命，这也是众所周知的事实。

可以说，无论什么年龄，所有人活着，都是在和死亡比邻而居。

与癌症搏斗了十年后离世的岸本英夫（东京大学宗教学教授）在他的抗癌手记中说，死亡就像是一场突然袭来的暴力：

> 可以说，死亡总是突然降临。不论它什么时候降临，当事人总会觉得十分突然。
>
> 因为在完全放心生活的心态下，对死亡没有丝毫的心理准备。（中略）
>
> 在不应该来临的时候，死亡突然来临；在不应该来临的地方，死亡大摇大摆地来临。犹如一个无法无天的人连鞋都不脱，毫无礼貌地闯进刚刚打扫干净的客厅。
>
> 他是那么蛮横无理，叫他稍等一会儿，他也毫不理会。这是人的力量根本无法制止、无法控制的一头怪物。
>
> 岸本英夫《凝视死亡之心》

我们虽然嘴里会说"人终有一死，这我还是知道的"，但是我们又都以为"明天我应该不会死"。

以为自己"明天不会死"的心，到了明天，还是会以为"明天不会死"。到了下一个明天，也还是会以为"明天不会死"。

就像是无论到了什么时候，我们都踩不到自己的影子一样，无论到了什么时候，我们都不会认为自己"明天会死去"。

结果就是，所有的人明明最终必定会死去，却全都抱着"永远不会死"的想法在活着，不是吗?!

而这样的我们，将不得不面对死亡的突然造访。

"儿子眼看就要结婚了……""想看到孙子长大成人……""还有未竟的事业……"等等，无论我们有多少未了的心愿，冷酷无情的老虎（无常）都会从背后突然袭来。

释迦牟尼佛将人们对死亡阴影的震惊程度，比喻成四种马教导给我们。

(1) 见鞭影而惊之马。
(2) 鞭触毛而惊之马。
(3) 鞭抵肉而惊之马。

(4) 鞭透骨而惊之马。

第一种"见鞭影而惊之马",指的是看到骑手举起鞭子的影子就震惊奔跑的马。这比喻的是望见火葬场燃起的青烟,知道今天也有人死去,就会为自己也终将遭遇死亡而震惊的人。这是对无常敏感的人。

第二种"鞭触毛而惊之马",指的是骑手的鞭子刚一碰到马毛,就为之震惊而奔跑的马。比喻的是见到葬礼的行列或是灵柩车,就想到自己也会死去,而震惊于自身之无常的人。

第三种"鞭抵肉而惊之马",比喻的是参加亲戚或邻居的葬礼,看到死亡就在身边,而震惊于自身之无常的人。

第四种"鞭透骨而惊之马",指的是骑手的鞭子已经深入皮肉,打到骨头了,才终于开始奔跑的马。比喻的是遭遇骨肉至亲的死亡,才开始震惊于自身之无常的人。

我们到底相当于这四种马里的哪一种呢？虽然感受的程度因人而异，但是我们之所以会为他人的死亡而震惊，归根结底，还是因为这会让我们意识到自己也终将死去吧。

葬礼并非永远只是他人的

有这样一首古诗：

鸟边山，鸟边山，昨日青烟今又起。

遥望叹息之路人，生命又能到几时。

鸟边山是过去的地名，位于现在的京都市内，以前曾经是火葬场的所在地。

经常从鸟边山附近经过的人，遥望着山上的青烟，想到昨天也有青烟燃起，不由得叹息说："今天也有人死去呀。死去的人还真多啊"。

到了第二天，又看到有青烟燃起，又叹息说："真的是经常有人死去啊。"

然而，这些遥望着他人火葬的青烟叹息的人，又能置身事外多久呢？这首诗告诉我们：终有一天，会轮到自己死去,他人遥望自己火葬的青烟的时候一定会到来。

随着年龄的增长，我们参加葬礼的机会也会越来越多。但是我们不可能永远只是参加别人的葬礼，终有一天，会是他人来参加我的葬礼，而且这一天可能会突然到来。

今天也有人因为交通事故而意外身亡吧。在这些人当中，会有人知道今天就是自己人生的最后一天，而在早上洗脸时忍不住哭泣吗？

他们和我们一样，迎来了与平时没有什么不同的早晨，却在这一天，人生突然就终结了。

对此，或许有人会不以为意："我什么时候死都无所谓""死亡没什么大不了的"。然而，他人的死、我们想象中的死，与实际到来的死亡其实有着天壤之别。

有一位医生临终前曾留下这样的诗句：

死乃他人事，迄今如是想。

而今自己死，思之已欲狂。

遥望他人的死，与面对迫在眉睫的自己的死亡，差别之大就如同在动物园里看到老虎和在深山里遇到猛虎，完全不可同日而语。

他人的死，不过是隔着栅栏看到的关在笼子里的老虎，而不是在山里突然遭遇的会吃人的猛虎。

德国哲学家蒂利希在《存在的勇气》中这样写道：哪怕只是一个瞬间，人也无法忍受死亡本身的"赤裸裸的不安"。

人们惧怕核战争、害怕地震、担心环境破坏……归根结底，也是因为这些问题都会导致人类的死亡。

正是因为直接面对死亡本身太过可怕，所以我们才会致力于解决与死亡相关的问题，像是为了不生病而注意饮食、运动、睡眠，定期做健康检查，或是为了应对地震、台风等自然灾害做各种准备等等。而所有的这些努力，其实都是在拼命地逃离死亡这只老虎。

快被追上的旅人抛弃了金银财宝

二战结束后，日本刚刚开始普及电视机的时候，人们特别喜欢看职业摔跤比赛的节目。

当时，职业摔跤选手力道山，用空手劈击的招式将世界顶级选手逐个击倒，所向披靡，夺得了世界冠军，令很多日本人欢欣鼓舞。

力道山资产众多，在美国也拥有非常广大的土地。据说，他带着妻子去美国旅行时，曾经从飞机上指着地面夸耀说："从这边到那边，全都是我的土地。"

而拥有如此惊人财富的力道山，却因为在饮食店里发生的一个小小纠纷，被人捅了下腹部一刀，三十多岁就死去了。

听说他当时对做手术的医生哀求说："花多少钱都行，只要能救我这条命。"

不仅是力道山，无论是谁，在面对死亡的时候，都会有同样的心情吧。

然而，他的愿望最终还是落空，就这样不治身亡了。

释迦牟尼佛在譬喻里告诉我们，"旅人将自己多年来辛苦赚得的金银财宝全都抛下，拼命地逃跑"。

然而，无论是谁，其实都无法从虎口彻底逃脱。

有人大声疾呼，人类会因为核战争或者环境问题而灭亡。但是，即使没有发生那种事情，现在活着的人们过了一百五十年，也全都会死亡。

就算有留下子孙后代，我们自己也必将死去，这是我们必须要严肃凝视的事实，不是吗？

在我们每一个人的背后，时时刻刻都有"死亡"这只老虎在不断逼近。也许今天或是明天，我们就会被这只老虎吞食。

　　然而，我们在每天的生活中，却完全没有意识到这一点。

悬崖上的松树

"被老虎追到悬崖边的旅人,也曾想过爬到悬崖边的松树上逃脱虎口,然而他很快就放弃了。因为他想到老虎也很擅长爬树。"

"松树",比喻的是我们平常一直作为人生支柱的家人、财产、金钱、健康、能力、社会地位等等。

这些都是支撑我们活下去的不可或缺的重要事物,但是无论我们拥有多少,都无法凭借这些逃脱死亡(老虎)。

释迦牟尼佛用下面这个譬喻来教导我们。

◆ ◆ ◆

有一个富翁,他有三个妻子。

三个妻子中,他最宠爱的是第一夫人,对方说冷,就会立刻为她保暖;对方说热,就会立刻为她降温。富翁极尽奢侈,讨其欢心,从未让她有过丝毫的不如意。

对于第二夫人,爱护的程度虽然不及第一夫人,但因为她是自己费尽千辛万苦，甚至与别人激烈争斗才得来的，所以富翁总是把她带在身边，不许她离开。

至于第三夫人，富翁对她的爱意更少，只有在非常寂寞、悲伤，或是有烦心事的时候才会把她叫来陪伴自己。

不久，富翁罹患了不治之症，最终卧床不起。

他对即将到来的死亡深感恐惧，于是叫来了第一夫人，向她诉说心中的孤寂，求她陪自己一起踏上死亡之旅。

听到他的请求，第一夫人毫不犹豫地拒绝了："其他事情也就罢了，要我陪你一同去死，这件事恕难从命。"

听到第一夫人冷漠无情的回答，富翁仿佛一下子被推落到绝望的深渊，悲伤不已。

然而由于独自面对死亡实在令人难以承受，富翁决定忍住羞耻，继续向第二夫人诉说自己的请求。

第二夫人听了以后说："就连你那样百般疼爱的第一夫人，不也都拒绝你了吗？我也绝不会答应。你追求我，那是你的事情，我可从来没有主动要和你在一起。"

不出所料，第二夫人的回答也很冷淡。

富翁于是又怀着忐忑的心情去哀求第三夫人。

没想到，第三夫人回应说："我不会忘记您曾经对我的恩情，所以我会陪您一程，将您送到村子尽头。但是之后我就爱莫能助了。"最终也抛弃了他。

所有的一切最后都会离开自己

释迦牟尼佛通过这个譬喻教给了我们什么呢？下面来给大家解释一下。

第一夫人，比喻的是我们的肉体。当我们死去的时候，在病床上就会和肉体分离。

第二夫人代表的是金银财宝。在出殡的时候，就必须与之诀别。

第三夫人比喻的是家人、亲戚和朋友等等。这些人会到火葬场来送别我们，但是之后就不会继续同行了。

"只要好好对待自己的身体，就能快乐健康又长寿。""只要有金钱和财产，就无需担心衣食住行。""就算得了大病，也会有家人照顾，所以没问题。"像这样，我们会把在关键时刻能够依靠的人或事物聚集到身边，想要借此让自己安心。

但是，无论拥有多么健康的身体，无论得到多少金钱、地位、名声，无论身边有多少家人、朋友，最后也都会被这一切所抛弃，不得不独自一人踏上死亡之路。

梦中聚敛多少宝，临终万般皆成空。
背负唯有恶业力，孤单一人赴后生。

人生就像是黄粱一梦。所有我们认为重要而聚敛来的宝贝都不得不留在这个世上，最后唯有背负着为了收集这些所造下的恶业，独自一人死去。

旅人放弃了爬树的念头，觉得"爬上松树也无法逃脱虎口"，可以说是非常正确的选择。

纤细的藤蔓

"旅人发现松树最下面那根粗壮的树枝上，有一根藤蔓延伸出来垂挂在峭壁上。他立刻顺着藤蔓滑了下去。"

旅人抓住的那根纤细的藤蔓，比喻的是我们短暂的寿命。

释迦牟尼佛告诉我们，人的寿命并不是像粗壮的钢索，而是如同不知何时就会断裂的纤细的藤蔓。

虽然由于医疗技术等等的进步，人类的平均寿命得以延长，但是再长也不过百年左右。

比起千年古树，或是据说有四十六亿年历史的地球，即使我们能活到百岁，也只能说是转瞬即逝的寿命。

释迦牟尼佛将我们短暂的寿命比喻为纤细的藤蔓。

说起今后的二十年，我们会觉得还很漫长，但是回顾已经过去的二十年，很多人都会感到一眨眼就过去了吧。

所以，就算是活了八十年，人生也不过是几个眨眼的瞬间就结束了。

越感到生命的短暂，越能活得像个人

释迦牟尼佛曾经就人的生命有多长，询问过几个修行者。

第一个修行者说，"生命的长度大约是五六天左右"。第二个修行者马上反驳说："哪里有五六天，也就是吃一顿饭的工夫而已。"

最后一个修行者紧接着否定说："不对不对，生命的长度连一次呼吸都不到。"

释迦牟尼佛大大地称赞了最后一个修行者的回答，教导说："是这样的。正如你所说，生命很短暂，还没等把吸进来的气呼出去，生命就结束了。要知道，越是能切身感受到生命的短暂，就越是会活得像一个人。"

释迦牟尼佛还讲过这样一个譬喻。

◆　　　◆　　　◆

假设有四个擅长射箭的高手,背靠背分别向东、西、南、北同时射箭。

他们射出的箭矢以肉眼看不清的速度,朝着东、西、南、北四个方向飞去。

与此同时，有一个跑得飞快的男子冲了出去，瞬间就抓住了四个高手射出的全部箭矢。这个速度可以说是极快的吧。

然而，比这个速度还要快、转瞬即逝的，就是我们人的生命。

◆　　　◆　　　◆

虽然我们无法得知自己的生命何时结束，但是藤蔓断掉的最后时刻必定会到来。

我们只是不知道自己的藤蔓现在处于什么样的状态，或许已经细到马上就要断掉的程度也未可知。

陷入绝境的旅人

"好险啊,靠着这根藤蔓捡回了一命"。旅人刚刚放下了心,又立刻"啊"地一声惊叫起来。原来,旅人看到了自己的脚下。

在旅人下方,是波涛汹涌、深不见底的广阔大海,惊涛骇浪不断拍打着陡峭的岩壁,浪花飞溅。

不仅如此,在深海的波涛中,蓝色、红色与黑色的三条毒龙正向上张开血盆大口,等着旅人掉落下来。

这副情景实在是太过恐怖,旅人吓得浑身发抖,忍不住再次紧紧抓住了手中的藤蔓。正可谓"前门拒虎,后门进狼",旅人陷入绝境,无处可逃。

无论多么强烈的恐惧,都会逐渐淡化

然而,无论身处怎样的绝境,无论多么恐惧,人的情感都会随着时间的流逝而逐渐淡化。

到了这个地步，旅人觉得再怎么挣扎也无济于事，反而想开了，心里稍微安定了下来。这时候，他突然感到了极度的饥饿。于是，他开始四处张望，寻找有没有什么可吃的食物。

当旅人把目光转向头顶上方的时候，再次看到了令他震惊的可怕情景。

在藤蔓的根部，出现了一黑一白两只老鼠，它们居然转着圈在轮流啃咬着藤蔓。藤蔓是旅人的救命绳，如果就这样放任不管的话，很快就会被黑老鼠或是白老鼠啃断，旅人必定会成为三条毒龙的盘中餐。

旅人立刻忘记了饥饿的痛苦，开始急着驱赶老鼠。

旅人首先拼命地摇晃藤蔓。然而，老鼠完全没有被打乱节奏，还是一边转圈一边啃咬着藤蔓。

只是，每当旅人摇晃藤蔓的时候，都会有什么东西滴滴答答地落下来。

旅人伸手接住一看，发现这竟然是看上去就很美味的蜂蜜！

原来，蜜蜂在藤蔓的根部做了一个蜂巢。因为旅人剧烈地摇晃藤蔓，蜂蜜就从这个巢里滴落下来了。

正苦于饥饿的旅人不禁用舌头舔了一下蜂蜜，甜美的滋味立刻渗透到了五脏六腑。

旅人的整个身心都成为了蜂蜜的俘虏。他把迫在眉睫的种种危机全都抛到了脑后，心里只想要摇落更多的蜂蜜，舔到更多的蜂蜜，得到更多的快乐。旅人完全陶醉在蜂蜜的甜美之中，陷入了思考停滞的状态。

7

黑老鼠和白老鼠

"在藤蔓的根部，出现了一黑一白两只老鼠，它们在转着圈交替啃咬着藤蔓。"

"好险啊，靠着这根藤蔓捡回了一命"。旅人刚刚稍微感到安心，又马上看到了老鼠在交替啃咬着藤蔓，为此大吃一惊。这比喻的是什么呢？

白天与黑夜在交替缩短我们的生命

白老鼠代表的是白天，黑老鼠比喻的是黑夜。

它们转着圈轮流啃咬藤蔓，比喻的是白天与黑夜在交替着缩短我们的生命。

白老鼠和黑老鼠非常勤勉，不管是过年还是过节，都绝不休息，一直在不停地啃咬着藤蔓。

由于这两只老鼠，我们紧紧抓住的藤蔓会变得越来越细，这会从各个方面显现出来。

眼睛花了，耳朵背了，牙齿掉了，脸上皱纹越来越多，头发也越来越白。腰直不起来了，手开始颤抖了，走路也变得踉踉跄跄……明明是自己的身体，却变得越来越不听使唤。

最后，必然会被其中一只老鼠咬断藤蔓。

白天去世的人，是被白老鼠咬断了藤蔓；夜晚去世的人，则是被黑老鼠咬断了藤蔓。无论哪一种结果，最终都是被黑白两只老鼠中的某一只咬断藤蔓。

即使是现在，这两只老鼠也没有休息，正不知疲倦地转着圈轮流啃咬着我们细细的藤蔓。在时钟一秒一秒地刻画着时间的同时，我们生命的藤蔓也在不断地变细，或早或晚，最终一定会被黑老鼠或是白老鼠咬断。

8

三条毒龙

"旅人吊在纤细的藤蔓上，在他的脚下，蓝色、红色与黑色的三条毒龙正昂着头，张着血盆大口，等待旅人掉下来。"

三个"有毒的烦恼"

这"三条毒龙"，比喻的是一直在我们的心中翻滚的"三个烦恼"。

在佛教中，烦恼指的是让我们感到烦扰苦恼的心。这个心会令我们造下罪恶。

释迦牟尼佛告诉我们，每个人都有一百零八个烦恼。其中，尤其让我们造下罪恶、令我们痛苦的烦恼有三个，那就是"欲望""愤怒"与"愚痴"。

这三个烦恼含有剧毒，所以也被称为"三毒烦恼"。释迦牟尼佛告诉我们，由于这"三毒烦恼"，人每天都在不断造下罪恶。

心常念恶，
口常言恶，
身常行恶，
曾无一善。 《大无量寿经》

在"身""口""心"之中，比起表露在外的"口"和"身"，释迦牟尼佛首先讲说的是眼睛看不到的"心"。那是因为，释迦牟尼佛向来最重视的就是"心"。

"心"如果没有发出指令，"嘴巴"不会说出来。"身体"也不会去做违反"心"的命令的行为。"嘴巴"和"身体"的言行，全都是源于"心"的指令。

心发出指令，驱动嘴巴和身体。

在有些犯罪行为中，除了在现场实际犯罪的人，还会有在幕后下达指令的人。那些幕后黑手，才是犯罪发生的根本原因。所以，在定罪的时候，最应处罚的当然应该是幕后黑手，而不是把实际犯罪的人判成重罪，却将背后指使的主谋无罪释放。

身体和嘴巴，就像是在现场实际犯罪的人，而在幕后下达指令的，就是心。

用火灾现场来比喻的话，火花是从火源飞扬起来的。我们的心就像是火源，身体和嘴巴的行为，就像是飞扬的火花。

灭火的时候，都会把重点放在火源上。同样的道理，由于身体和嘴巴的行为是心的外在表现，所以释迦牟尼佛的教导一直都把重点放在心的活动上，这也是极其自然的事情。

释迦牟尼佛指出，在我们的心里，有这样的"三毒烦恼"，并将其比喻为"三条毒龙"。

关于被比喻成"三条毒龙"的三毒烦恼，下面再为大家解释一下。

无限的欲望

释迦牟尼佛将"欲望"之心比喻成"蓝色的毒龙"，"愤怒"之心比喻成"红色的毒龙"，"愚痴"之心比喻成"黑色的毒龙。"

"欲望"之所以被比喻成"蓝色的毒龙"，或许是因为欲望有一个特征和大海相似。大海越深，海水就会越蓝。而欲望之心也是，没有的话想要拥有，拥有了又想要得到更多、更多，永无止尽，越陷越深，所以把"欲望"用蓝色来表示。

环顾世间，四面八方，被无尽的欲望所驱使，为此烦闷、苦恼、造下罪恶的人何其多也！

想要以有限的生命，满足无限的欲望，必然会招致自身的毁灭，也会给很多人带来伤害。

我们在有余力的时候，会考虑到周围人的状况，顾及他人。然而在自己也自顾不暇的时候，自私自利的本性就会显露无疑，会变成不管他人死活，只考虑自身利益的冷漠之人。

正是由于这个冷酷的"欲望"，每天每天，世界上都在不断地发生各种犯罪事件。

愤怒的火焰

释迦牟尼佛把"愤怒"比喻为"红色的毒龙"，这是因为，一旦有谁妨碍了我们的欲望，愤怒的火焰就会熊熊燃烧起来。

"都怨那个家伙，是他让我亏了本!"

"都怪这个家伙，是他让我在众人面前出了丑!"

愤怒会让我们怒火焚身。而我们一生气，就会血往上涌，脸色变得通红，所以把"愤怒"比喻成"红色的毒龙"。

有这样一句名言:"愤怒，以冲动鲁莽开始，以后悔不已告终。"

愤怒会烧毁所有的一切，让我们独自一人伫立在化为焦土的荒野上。

因为愤怒，我们会说出不该说的话，造下伤害他人的罪恶，最终留下的，唯有悔恨和痛苦。

丑陋的嫉妒之心

接下来的"黑色的毒龙",比喻的是"愚痴"的丑恶。愚痴,就是指我们平常说的嫉妒、忌恨、怨恨的心。

正如"嫉贤妒能"这个词所说,这是当别人的才能、美貌、金钱、财产、名誉、地位等等胜过自己的时候,就会感到郁闷不快的心。

若是自己的竞争对手受到了瞩目,心里就会觉得不爽。反之,看到遭遇苦难正在痛苦的人,虽然嘴上说着"真令人同情"等安慰的话语,心里却多少都会感到一丝庆幸。

日本有一句谚语,"别人的不幸甜如蜜"。我们拿名人的丑闻、别人家的丑事取笑作乐,却半点都不觉得自己有什么不对。

每个人都有这颗对他人的不幸暗自窃喜的丑陋的心。或许就是因为愚痴是如此丑陋的心,所以释迦牟尼佛才将其比喻为"黑色的毒龙"吧。

我们的心里,一直有这些"欲望""愤怒""愚痴"的念头在蠢蠢欲动。

如果自己心里的想法能通过影像显示出来，我们敢播放这些影片给自己的丈夫、妻子、父母、孩子看吗？

无论是谁，想展示给别人的都是美丽的事物吧？像是买了漂亮的新车、时尚的衣服，或是刚装修好的新居等等，都会想让更多人看到。然而如果是肮脏凌乱的房间的话，就不会想要让任何人看到了。

释迦牟尼佛将这些可怕的"欲望""愤怒""愚痴"之心比喻为"三条毒龙"，对此，我们唯有敬服而已。

而由这"三条毒龙"产生出来的世界，就是"怒涛翻滚的深海"。

那么，怒涛翻滚的深海，到底比喻的是什么呢？

9 怒涛翻滚的深海

"旅人抓着藤蔓吊挂在悬崖上，脚下是怒涛翻滚、深不见底的广阔大海。"

旅人明白了在藤蔓被老鼠咬断的同时，自己必然会堕入"怒涛翻滚的深海"，一时间吓得目瞪口呆，全身颤抖不已。

在这里，我们需要清楚地了解譬喻中的"三条毒龙""怒涛翻滚的深海"与"三毒烦恼"有什么样的关系。

释迦牟尼佛告诉我们，譬喻中讲到的"三条毒龙"和"怒涛翻滚的深海"，其实都是由我们的"三毒烦恼"所产生的。也就是说，下面要解释的"怒涛翻滚的深海"，也是由欲望、愤怒、愚痴这"三毒烦恼"产生出来的。

善因善果，恶因恶果

要理解"怒涛翻滚的深海"，我们还需要明确了解释迦牟尼佛教义的根干。

八十年的一生中，释迦牟尼佛自始至终讲说的教义的根干，是"因果的道理"。

因果的道理，指的是"善因善果、恶因恶果、自因自果"的道理。

"善因善果"，意思是善因会产生善果；"恶因恶果"，意思是恶因会产生出恶果。

而"自因自果"是说，自己所做行为（因）的结果（果），会出现在自己身上。换句话说，就是自己所做的

因果的道理

行为

善 因 善 果

善因（行为）会产生善果（幸福）。

恶 因 恶 果

恶因（行为）会产生恶果（不幸）。

自 因 自 果

自己所做行为（因）的结果（果），
会出现在自己身上。

善行会在自己身上产生善果，自己所做的恶行会给自身带来恶果。

而且，释迦牟尼佛还告诉我们，我们的生命从几亿兆年以前的过去一直持续到永远的未来，贯穿了"过去世、现在世、未来世"这三世。

在滔滔流淌的大河里游动的鱼，完全不会意识到自己身处于大河之中。就像在大河里游动的鱼看不到大河一样，我们也意识不到三世的存在，只知道此世的事情。然而释迦牟尼佛教导我们，即使我们完全没有自觉，我们的生命也是从悠久的过去开始，向着永远的未来一直在流淌着。

因为"因果的道理"贯穿三世，所以也被称为"三

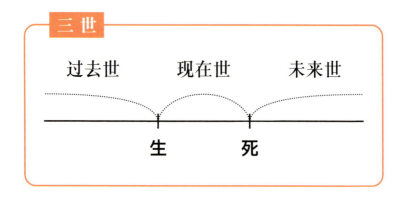

世因果的道理"。

既然如此，释迦牟尼佛所讲说的"三毒烦恼"，也不仅是现在世的事情，而是贯穿"过去世、现在世、未来世"这三世的事情。

释迦牟尼佛进一步把"三毒烦恼"所造下的罪恶分成十种，详细地教导给我们。

这十种罪恶被称为"十恶"，分别是欲望、愤怒、愚痴、绮语、两舌、恶口、妄语、杀生、偷盗、邪淫。

如前所述，我们由于欲望、愤怒、愚痴这"三毒烦恼"，在"心"里一直造下不可告人的可怕罪恶。

这个"心"通过"嘴"表露出来，就会成为绮语、两舌、恶口和妄语；通过"身体"表现出来，就会成为杀生、偷盗和邪淫。

十 恶

心 ⋯⋯⋯ **欲望、愤怒、愚痴**

口 ⋯⋯⋯ **绮语、两舌、恶口、妄语**

身 ⋯⋯⋯ **杀生、偷盗、邪淫**

语言的利刃，不知伤害了多少人

首先，让我们来看一下"嘴"所造下的罪恶。

绮语，是指假惺惺的花言巧语。嘴上阿谀奉承，心里却在看不起对方，这种欺骗对方的话语就是绮语。

两舌，是指两面三刀、挑拨离间的话语。因为嫉妒别人的亲密关系，故意说挑拨离间的话语让双方关系破裂，以图自己痛快。

恶口，是指散布虚假不实的谣言，排挤自己看不顺眼的人。

妄语，是指满不在乎地说谎愚弄对方，以此为乐。

这些语言的利刃，不知让多少人都深受其害，为之痛苦。

俗话说，口是伤人斧，言是割舌刀。言语如刀，会伤人于无形，令对方感到痛苦。

即使说的人一点自觉都没有，但是被说的人却到死都不会忘记，一直为此痛苦，心怀怨恨。

我们不经意间所说的话，不知伤害了多少人，让多少人痛苦，甚至还有可能用如刀的话语，杀死过对方。

不杀生就无法活下去

接下来是用身体造下的罪恶,有杀害生物的杀生罪、偷取他人金钱物品的偷盗罪，以及搞不正当的恋爱关系的邪淫罪等等。

特别是其中的杀生罪,让我们一起来仔细思考一下。

我们会觉得，人吃动物是很自然的事情。然而，动物们绝不会认为被人类吃是天经地义的吧! 无论大小，任何生物都和我们一样不想死去，这是生物的本能。被捞上船的鱼，会拼命跳动；被掐住脖子的鸡，会使劲挣扎，肯定都是因为不想死去。

在一些电影或漫画中，也有描写吃人的怪物或是巨人的故事。如果现实中真的出现了必须以吃人维生的怪物的话，会怎样呢?

"听说那个怪物不吃人就活不下去，所以我们就给他吃吧。"我们会心甘情愿地说出这样的话吗?

如果那个怪物一边吃着我们的父母或是孩子，一边还咂着嘴称赞"好吃""好吃"，我们不知会多么痛恨、诅咒那个怪物。

释迦牟尼佛告诉我们，所有的生命都是平等的，并没有上下高低之分。认为只有人的生命尊贵，这是人类自以为是的想法。

当然，在人类所制定的法律中，吃了被当作食物饲养的动物，并不会受到惩罚。然而，这并不能改变杀生是可怕的罪恶这个事实。

虽然我们会觉得"这是为了活下去，迫不得已"，但是一直在讲说真实教义的释迦牟尼佛告诉我们，杀生毫无疑问是非常可怕的罪恶。

也许有人会辩解说："虽然我有在吃鱼吃肉，但又不是我自己亲手杀的。"然而，正是因为有喜欢吃鱼、吃肉的人，才会有人杀生来提供这些食物，不是吗？

换句话说，其实是我们委托生产者帮我们杀生，然后自己享受吃鱼吃肉的乐趣。所以释迦牟尼佛告诉我们，这就等同于自己亲手所杀，是同罪。

或许也会有人反驳说："我是素食主义者，不吃鱼也不吃肉。"但是，在生产蔬菜的过程中，也会使用大量的农药杀死害虫。

其他还有在生活中会杀死蚊子、蟑螂等害虫，或是走在路上会踩死虫子蚂蚁等等，不胜枚举。

在这个世界上，真的有人能完全避开杀生而活着吗？

而且，由于砍伐森林破坏环境，以及二氧化碳排放过多造成的地球温暖化等问题，已经不知有多少生物被逼上了死路。

可以毫不夸张地说，我们所享受的便利生活，是以大量生物的牺牲为代价的。事实上，不造下杀生罪，就无法活下去，我们人就是这样的存在。

浦岛太郎真的是心地善良之人吗？

有这样一个民间故事：一个渔夫因为救了被孩子们欺负的海龟，得到邀请去龙宫作客。然而当他回到陆地，却发现自己变成了孤单一人。于是他打开了龙宫公主赠与的宝箱，没想到一下子就变成了白发苍苍的老人。

这就是在日本家喻户晓的浦岛太郎的故事。

据说，在其他国家讲述这个故事的时候，很多人都对故事的寓意感到困惑。

"这到底是在教育我们什么呢？是说看到别人被欺负也不要去管吗？"

"是说不要被公主（美丽的女性）所诱惑，以免受到欺骗吗？"

诸如此类，有很多令人惊讶的感想。

那么首先，这是一个怎样的故事呢？

让我们先来看一下这个寓言故事。

◆　　　　◆　　　　◆

浦岛太郎是一个渔夫，有一天，他正要出海去捕鱼的时候，在海滩上看见一群孩子在欺负一只大海龟。

浦岛太郎觉得可怜,反复劝说孩子们放了这只海龟，但是孩子们根本不听。

于是好心的浦岛太郎就给了孩子们一些钱，买下海龟放归大海。海龟非常感谢他，几次向他点头道谢，才消失在大海中。

几天后，浦岛太郎乘船出海捕鱼。那只被他救了的海龟突然浮出海面，对他说："谢谢您之前救了我。为了报答您的救命之恩，今天我带您去一个好地方。"就这样，浦岛太郎被带到龙宫，受到了龙宫公主的盛情款待。他在那里享尽了山珍海味，度过了一段梦幻般的快乐时光。

不久后，浦岛太郎要回家了。临行前，龙宫公主赠给他一个宝箱，叮嘱他不要打开。但是浦岛太郎回到陆地后，发现四周的景物和以前截然不同，感到非常困惑。他想起了公主所赠的宝箱，忍不住想打开看看。结果刚一打开，宝箱里就冒出一股白烟，浦岛太郎立刻变成了白发苍苍的老爷爷。

◆　　　◆　　　◆

听到这个故事的人，大概都以为这是在教导我们，要成为像浦岛太郎那样爱护生物、心地善良的人。

那么，浦岛太郎真的是个爱护生物、心地善良的人吗？

虽然他救海龟时做了好事，但是他肩上扛着的却是钓鱼竿。这根鱼竿已经夺走了几十万、几百万条鱼的生命，今后也还会夺走很多条鱼的生命。扛着这样的鱼竿的浦岛太郎，真的能算是爱护动物、心地善良的人吗？肯定有人会有这样的疑问吧。

当然，单纯从人的立场来说，浦岛太郎并不是触犯了法律的罪犯，从伦理道德上来看，也可以说是一个善良的好人。

然而，释迦牟尼佛却告诉我们，人类不造下罪恶就无法活下去，是无可置疑的真正的恶人。这，就是我们人的"真实样子"。

即使是为了生存迫不得已，造下罪恶的人也依旧得承受造下恶业的报应。

或许，浦岛太郎的故事正是在暗示我们人的真实样子：一生都在毫无自觉地不断造下罪恶，时光转瞬即逝，最终不得不落寞地迎来凄凉的晚年。

所有人都是恶人，这个说法很荒谬吗？

有一位小学校长来听僧侣讲说释迦牟尼佛的教义。

这位校长一直觉得"释迦牟尼佛说所有的人都是恶人，这很荒谬"，想着"下次有高僧来讲法时一定要问问他"，所以很期待听法的日子。

来讲法的僧侣并不知道校长的想法，还是按照平常讲法的内容讲说："从佛眼来看，这世上没有一个人是善人。所有的人全都是恶人。"

讲法结束后，校长立刻就去了僧侣的休息室，提出质疑说："高僧您刚才讲，所有的人都是恶人，但是人里面也是有善人的吧。如果所有人都是恶人的话，那学校的老师也都成了恶人，就没办法教育学生了。希望您以后注意一下讲法的内容。"

本来校长抱怨一番之后就想马上离开，没想到僧侣立刻就郑重其事地向校长低头道歉："哎呀，我事先不知道有像您这样的人来听法，多有失礼。若有冒犯之处，还请海涵。"

校长吓了一跳，惶恐地说："哪里哪里，只要您今后不要再讲那样的内容就可以了。"说完起身就想离开。

但是就在校长走到门口快要出去的时候，僧侣突然开口叫住了他："校长先生，我有个问题想请教您……"

校长停下脚步问："是什么事情？"

"刚才您说，这世上既有善人也有恶人，是这样的吧。"

"是的，有什么不对吗？"

"那关于这件事情，我想要请教您一下。请问您觉得自己是善人，还是恶人呢？"

有了刚才的抱怨，校长现在既没办法说自己是恶人，也不好意思说自己是善人，正不知道该怎么回答的时候，僧侣又说道："我问的不是别人的事情，而是您觉得您自己是善人还是恶人。"

　　沉默片刻，僧侣继续问道："那么，校长您会教学生说谎是善，还是恶呢？"
　　"当然是恶啊，俗话说，说谎是偷盗的开始嘛。"
　　"那么，校长您从来没有说过谎吗？"
　　不管是谁，说谎这种事，应该大家都做过吧。

　　"还有，校长您教导学生，吵架是善还是恶呢？"
　　"当然是恶啊。"
　　"那么校长，您从来没有和太太吵过架吗？"
　　夫妻吵架，可以说是再平常不过的事情。

　　"请问校长，您教导孩子们杀生是善还是恶呢？"
　　"那还用说，当然是恶啦。"
　　"那么校长，您就完全没有杀过生吗？"
　　"这个嘛……"校长被问得快要说不出话来了。
　　这时候僧侣对校长说："校长啊，这样您不就是明知道说谎、吵架和杀生都是恶，却还天天都在做这样的事情吗？"

就这样，校长被一一指出自己平常在无意识中不断造下的恶，开始反省了起来。

最后他深深地向僧侣道歉说："如果不认真思考我还真没有意识到，自己在日常生活中不知造下了多少罪恶啊。请您原谅我刚才的失礼。"

据说，从那以后，这位校长就开始非常认真地听闻释迦牟尼佛的教义了。

虽然同样是说恶人，但是法律上所说的恶人、伦理道德里所说的恶人，与释迦牟尼佛所说的恶人，有着天壤之别。

这个差别，或许可以用肉眼、放大镜、电子显微镜之间的差别来形容。

即使是同一个人的手掌，用肉眼或放大镜所看到的样子，与用电子显微镜所观察到的结果，会有非常大的差异。

用肉眼看的时候会觉得"这手还是很干净的嘛。"但是用放大镜来看的话,就会失望地发现"怎么这么脏"。

而如果更进一步用电子显微镜来观察的话，或许就会大吃一惊，发现细菌和病毒遍布整个手掌。

如果把人类制定的法律比喻成肉眼的话，伦理道德就相当于放大镜。而释迦牟尼佛讲说的佛法，则是能无比准确地映照出实际状态的电子显微镜。

前面提到的浦岛太郎的行为也是如此，如果从法律、伦理道德的范畴来看的话是善，但是从映照出人类真实样子的法镜来看，就是恶了。

相信各位读到这里，已经对释迦牟尼佛所讲的"人的真实样子"有了充分的了解。

恶人行恶，从苦入苦

"旅人在手中紧握的藤蔓断掉的同时，必定会堕入怒涛翻滚的深海。"释迦牟尼佛对我们敲响了警钟。

这里所说的"深海"，到底是怎样的深海呢？

如前所述，产生出这个"深不见底的大海"的，正是我们的"三毒烦恼"。

释迦牟尼佛告诉我们，因为这是由我们的"欲望""愤怒""愚痴"的三毒烦恼所产生出来的"深海"，所以堕入这个"深海"（地狱）的，当然就是我们自己。

关于这一点，释迦牟尼佛这样告诉我们：

恶人行恶，从苦入苦。　　　　　**《大无量寿经》**

（恶人造恶的结果，就是在这一世也痛苦，死后也在地狱里痛苦。）

那么，死后的地狱，到底是怎样的一个痛苦的世界呢？

有一天，释迦牟尼佛看到在一座大桥上，有位年轻的女子一边四下张望，一边不断地把石头塞进衣服的袖子里。

释迦牟尼佛心想"她一定是在做自杀的准备"，于是急忙走近那个女子，和蔼地询问她发生了什么事情。

知道眼前的这位就是释迦牟尼佛之后，女子打开了心扉，一五一十地道出了事情的原委："说起来实在是难以启齿，我爱上了一个男人并且怀了他的孩子，却被他狠心抛弃了。一想到世人的冷眼和孩子的将来，就觉得非常痛苦，还不如干脆一了百了，死了算了。请您成全我，就让我这样死去吧。"

女子说完，哭得泪流满面。

释迦牟尼佛心生怜悯，对她说了下面这番话。

我来给你讲个譬喻故事吧。

在某个地方，有一头牛，每天都不得不拉着装满货物的车子从早跑到晚。

这头牛一直在思考一个问题："为什么我每天都不得不这么痛苦呢？让我痛苦的，到底是什么呢？"

"对了！只要没有了这辆车，我就不用这么痛苦了。"

于是，牛决定把牛车撞坏。

有一天，牛在拉车的时候突然发力狂奔，把车子朝一块大石头撞去。车子被撞得粉碎。

牛的主人非常惊讶，心想"这么狂暴的牛，必须要换成更坚固的车子，才不会又被它破坏"，于是就打造了一辆钢铁制成的车子。

这辆钢铁制的新车，比原来被破坏的那辆车要重几十倍、几百倍。

从此，牛每天都要拖着这辆沉重的新车，和以前一样拉着满载的货物。它的痛苦变成了以前的几十倍、几百倍。

牛后悔不迭，却为时已晚，再也无法挽回了。

就像这头牛以为撞坏了车子,就不会再痛苦了一样,你以为只要没有了这个肉体,就可以轻松解脱了。

但是,现在的你并不知道,死后的痛苦,根本不是这个世上的痛苦能够相比的。后生你必将堕入的世界,会比今世痛苦得多。

◆　　　　　◆　　　　　◆

释迦牟尼佛在这里,将死后称为"后生"。

释迦牟尼佛对这个女子所教导的"后生",绝非是她一个人的事情,而是我们所有人的事情。

有生必有死。没有人与"后生"无关。

释迦牟尼佛毕生都在严厉地教导我们,在我们的后生,有着"一大事"。

那么,我们的后生(死后)到底会怎样呢?

任何言语都无法形容地狱的痛苦

释迦牟尼佛在譬喻中说,藤蔓断掉之后,旅人必定会堕入"怒涛翻滚的深海"。

"怒涛翻滚的深海",比喻的是比这个世上的任何痛苦都更为痛苦的地狱界。

那么,死后的地狱,到底是怎样的一个痛苦的世界呢？

释迦牟尼佛和弟子之间有过这样的一段对话。

释迦牟尼佛说："无论用什么样的词句，都无法形容地狱的痛苦。"

弟子们请求说："哪怕是打个比方也好，请您教导我们……"

于是释迦牟尼佛就讲了这样一个譬喻。

释迦牟尼佛问弟子："如果说，一天里早、中、晚三次，分别被一百支长矛所刺穿。你们觉得这种痛苦如何呢？"

"就连被一支长矛刺穿，都会觉得非常痛苦，更何况是一天被三百支长矛刺穿，那一定是超乎想象的痛苦。"

听到弟子的回答，释迦牟尼佛捡起一颗拳头大小的石头，又提出了一个匪夷所思的问题："你们觉得，这颗石头和那边的喜马拉雅山相比，哪一个更大呢？"

"那当然是连比都不需要比，根本就是天差地别啊。"弟子这样回答。

释迦牟尼佛接着说道："如果说，每天被三百支长矛刺穿的痛苦，是这颗石头大小的程度的话，地狱的痛苦就犹如那喜马拉雅山。"

由此可知，要让我们明白地狱的痛苦，是多么困难的事情，甚至比对猫狗解释电视或电脑的原理更加不可能。

以人的智慧无法明白"死后会怎样"

对于死后的地狱，且不论古人是怎样的想法，在今天，很多人都嘲笑说是哄小孩的童话故事。

这种把地狱当童话的观点，让人不由想起了这样一副场景。

鳗鱼们在鱼槽里聊天。

◆　　　　◆　　　　◆

"今天怎么这么热闹啊？"

"听说今天叫什么丑日，是人类吃我们进补的日子。"

"诶？竟然会有人类这么可怕的东西！真不敢相信。"

"不管你信不信，反正我们已经被捉来，听说就要被人类吃掉了。"

"可是，并没有谁回来告诉我们呀。"

"你看，又有一条被抓住，不知被带到哪里去了。"

"那是带他去散步了吧。过会儿就会回来的。"

"哪有！听说被捞出去之后，脑袋会被铁锥钉在砧板上，然后就被开膛破肚剁成三块，串在竹签上放到火上烤。而且不管再怎么怨恨咒骂，语言不通，他们也听不懂。那掌厨的是魔鬼，吃的人也是魔鬼。听说吃的时候还要把我们大卸八块，怎么可能回得来啊！"

◆　　　◆　　　◆

当然，鳗鱼与人类有很大的差距。但是其实以我们人类的智慧，对"死后会怎样"这样的问题也完全不明白。于是就出现了各种各样的想法：

"死后会下地狱，受小鬼们的折磨？怎么可能有这么荒谬的事情！什么妖魔鬼怪，把它们带来给我看看。我不捻死它们才怪。什么地狱啦小鬼啦，有谁见过吗？人死了，身体被烧成灰烬，灵魂也就同时消失了，就只是这样而已。别为那些荒诞离谱的事情自寻苦恼，开开心心地饮酒作乐就对了。"

"死了以后会怎样，等死了以后再说吧。听说很少有人去极乐，所以去往极乐的路上长满了杂草。而结伴下地狱的人特别多，踩得路上寸草不生。所以只要向着草多的方向走，就能到极乐了。"

"反正就算下了地狱，也不是只有我一个人受苦。有那么多人一起作伴，热热闹闹的不是挺好的嘛。"

等等，众说纷纭。

但是，试想一下，在船沉没的时候，会说反正有那么多人和我一起溺水，所以淹死了也无所谓吗？

这世上有各种各样的痛苦：有人被海啸卷走，有人被大火烧死，有人失去挚爱的伴侣，有人痛失唯一的孩子，有人公司破产倒闭……当我们遇到痛苦的时候，会说反正有这么多人陪着我一起痛苦，热热闹闹的不是挺好的吗？

在把死亡还当作他人的事情，觉得与自己无关的时候，会信口开河地说"死亡没什么大不了的"。但即使是这样的人，遇到生活在一起的亲人突然离世的情况，也会想"他到底去了哪里？再也见不到他了吗？"自然而然地会对"人从何处来，向何处去"这个人生的根本问题产生疑问。

俗话说，"夏蝉不知春秋"。以蝉的智慧无法理解春天和秋天的存在，而以人的智慧一般都可以理解。

但是，像是"死后到底会怎样？""死后的世界是否存在，存在的话是什么样的地方？"这样的问题，以我们人类的智慧也是完全不会明白的。

然而拥有了佛智的释迦牟尼佛，却清楚地知晓。

有一次，弟子们询问释迦牟尼佛："释迦牟尼佛啊，您开悟了佛觉，应该没有什么事情让您痛苦了吧？"

释迦牟尼佛这样回答："我自己确实没有任何苦恼，但是唯有一件事情让我感到痛苦。在我的眼中，能看到人们正一步步地接近地狱之苦，但是无论我如何讲说后生一大事，他们都不为之震惊，最终如雨点般纷纷堕入地狱。这，就是我的痛苦。"

世间的人一听到地狱，就会联想到围着虎皮的小鬼或是下油锅什么的，都觉得是童话故事而付诸一笑。这是因为他们不明白释迦牟尼佛所讲说的地狱的实态。

释迦牟尼佛所说的"地狱"，是指无法用言语表达的极其痛苦的世界。用梵语来说就是"naraka"（奈落），中文翻译成"地狱"。

在今天，日本也有"欠债地狱"这样的说法，还把悲惨的情景称为"阿鼻叫唤地狱"。也就是说，地狱并不是在某个遥远的地方，而是指非常残酷的、有着剧烈痛苦的状态。

释迦牟尼佛告诉我们，地狱既存在于现在，也存在于死后。

那么，这样的地狱是怎样产生出来的呢？

有这样一首古诗：

火焰车，火焰车，

并非木匠所制作，

自己制造自己坐。

在古代，车子都是用木头做的，所以一般是由木匠来制作。但是这里所说的"火焰车"，并不是指那种木匠制作的车子，而是指痛苦的状态。这个痛苦的状态是由自己制造出来的，所以自己不得不乘上这个火焰车，被火灼烧而痛苦，这就是"自己制造自己坐"的意思。

因此，这首诗是在告诫我们："自己所造下的罪恶，由于恶因恶果，会产生出火焰车（地狱）。而自己则不得不乘上这辆火焰车遭受痛苦。"

我们听到地狱，会以为它存在于某个地方。然而，地狱其实是由我们所造下的恶行产生出来的世界。

地狱指的是非常痛苦的状态，由于它是自己（自）造下的恶行（业）产生出来的痛苦（苦）的世界，所以也用"自业苦"这三个字来表达。

在释迦牟尼佛的教导中，有一个词语叫做"自业自得"。"自业"，指的是自己的行为（业）。"自得"，指的是自己所得到的结果（得）。因此，"自业自得"就是指由自己的行为所得到的结果。

世人也会说："那个人生活没规律，饮食也不正常，会生病也是自作自受。""那孩子整天都不学习，就知道玩，考试落榜也是自作自受。"自作自受，其实就是自业自得。

而在释迦牟尼佛的教导中，更是告诉我们：凡是出现在自己身上的结果，没有一个不是自业自得的。也就是说，出现在我们身上的所有结果，无论幸与不幸，全部都是自业自得。

用释迦牟尼佛的譬喻来说，是"三条毒龙"产生出了"怒涛翻滚的深海"。也就是说，地狱其实是由旅人自己的"三毒烦恼"（欲望、愤怒、愚痴）产生出来的。

五滴蜂蜜

旅人抓着藤蔓,悬挂在半空中。

头上是老虎,正虎视眈眈地紧盯着旅人。

脚下是怒涛翻滚、一望无际的深海,波浪间有三条毒龙,正张开血盆大口,等着旅人掉落下来。

而在藤蔓的根部,黑老鼠和白老鼠正一边转圈,一边交替啃咬着藤蔓。

再过不久,藤蔓被其中一只老鼠咬断的最后的瞬间,就会来临。

在这样危险的状况下,旅人到底在琢磨、思考着什么呢?

人的情感,无论是多么强烈的恐惧感、危机感,都会随着时间的流逝而逐渐变得淡薄。

本来旅人已经放弃了,觉得再怎么挣扎也无济于事,然而看到黑白两只老鼠,还是感到刻不容缓,必须马上采取措施。

因为这根藤蔓,是旅人目前唯一可以依靠的救命绳,所以必须全力以赴,尽快把老鼠赶走。

旅人先是试着使劲摇晃藤蔓,然而老鼠轮番啃咬藤蔓的步调却没有发生任何变化。

唯一的回应就是每当旅人摇晃藤蔓时,身边就会有东西啪嗒啪嗒地落下来。一开始,旅人还以为是老鼠的屎尿,然而当他好奇地伸手去接住时,才发现居然是蜂蜜。

原来,有蜜蜂在藤蔓的根部筑了巢。

经过旅人一番剧烈地摇晃,蜂蜜就从蜂巢里滴落了下来。

具有魔力的五欲

饿得发慌的旅人舔了一下蜂蜜,美妙的滋味立刻渗透到五脏六腑,令他陶醉不已。

旅人的整个身心都成为了蜂蜜的俘虏。他忘记了脚下迫在眉睫的危机,忘记了所有的危险,满心只想着怎样才能摇落更多的蜂蜜,怎样才能舔到更多的蜂蜜。心里除了这件事之外,再也无法思考其他。

这正是五滴蜂蜜的魔力。

释迦牟尼佛所讲说的这具有魔力的五滴蜂蜜，到底比喻的是什么呢？那就是食欲、财欲、色欲、名誉欲、睡眠欲这五欲。

第一个**食欲**，指的是想要吃吃喝喝的心。这是指想要尽可能吃到美味的食物，喝到好喝的美酒、饮料的欲望。

喜欢旅行的人有很多。去旅行的时候，虽然看风景或是泡温泉也很有魅力，但是在饭店、旅馆里享用当地的特色美食，才是旅行最大的乐趣吧。

甚至还有人故意搞笑说，"吃饱喝足再上路，就算做鬼也满足"。

第二个**财欲**，是指想要增加金钱财产的欲望。怎样才能赚到更多的钱呢？人们为此绞尽脑汁。不仅四处寻找隐藏的商机，还致力于投资理财，想方设法节税、避税等等。

财欲，也是指看到自己的存款增加就暗自窃喜的心，是买到了梦寐以求的房子、新车、新衣服、新鞋子、新包包就高兴不已的心。

第三个是**色欲**，也被称为爱欲、性欲，是指想要追求异性的欲望。

男女之间的恋爱自不待言，外遇、三角关系等各种情感纠葛也都包含在其中。这些感情问题产生了各种你争我夺的爱恨情仇，从古至今，由此引发的残暴可怕的事件更是层出不穷。

这是想要靠近所爱之人的心，也是因为男女之间的情爱而日日不宁的心。

第四个是**名誉欲**。这是想要得到别人称赞，获得他人的认同与好评的心。

如果在大型比赛中入围、在某某大赛中夺冠、在大众面前获得了表彰的话，心里就如同称霸天下一样高兴。

要是通过了竞争率高的考试，被人家称赞一句"好厉害"；或是在公司里升了职位，被众人围绕着祝福的话，我们全都会喜笑颜开吧。

第五个**睡眠欲**，是指想要睡觉，想要轻松、偷懒，不想做麻烦事的心。

有时候即使闹钟已经响了，还是想在床上多赖五分钟，迟迟不肯起床。这样的心就是睡眠欲。

在现代，通过家用电器，无论是做饭、洗碗、打扫房间还是洗衣服都变得轻松许多。而这些发明，其实也都可以说是想要避开麻烦事的欲望所带来的进步吧。

仔细想想，政治、经济、科学、医学，以及其他人类的活动，或许全都可以说是我们追求五欲的活动。

释迦牟尼佛一针见血地指出，我们就是譬喻中那个每天都只想着怎样活着、以怎样的方式生活才能舔到更多蜂蜜的旅人（人），强烈地敦促我们反省。

教语开示，信用者少

当然,释迦牟尼佛并没有全盘否定满足五欲的快乐。

释迦牟尼佛只是通过"人的实相"这个譬喻警告我们：身为旅人的我们，吊挂在黑白老鼠交替啃咬的纤细藤蔓上，却忘记了脚下怒涛翻滚的深海，头脑里只想着五滴蜂蜜，这是非常危险而恐怖的事情。

世人薄俗，共诤不急之事。　　　　《大无量寿经》

（世间的人们全部心思都被眼前的蜂蜜所占据，不知道后生一大事的存在。）

大命将终，悔惧交至。 　　　　　《大无量寿经》
（藤蔓将要断掉的时候，就会产生对于将要堕入深海的恐惧，以及被蜂蜜占据心中的后悔，但是却为时已晚。）

释迦牟尼佛向我们敲响了警钟。

旅人吊挂在纤细的藤蔓上，却沉迷于舔舐蜂蜜的快乐，最终必定会被黑老鼠或白老鼠咬断藤蔓，堕入怒涛翻滚的深海——释迦牟尼佛将这件大事称为"后生一大事"，并且这样悲叹道：

教语开示，信用者少。
生死不休，恶道不绝。 　　　　　《大无量寿经》
（即使用尽言辞讲说后生一大事的存在，也很少有人相信，所以没有人成为拔苦与乐之身。）

释迦牟尼佛为此深深地忧虑。

第三章

照亮绝望暗夜的光明

怎样才能拯救身处绝境
却只想着蜂蜜的旅人?

听到释迦牟尼佛所讲的"人的实相"这个譬喻,也许有人会觉得太令人绝望,看不到一丝获救的希望。

然而,释迦牟尼佛如此赤裸裸地把人的实相展示给我们,绝不是为了把我们推入绝望的深渊。

这就像是医生一定会把重病患者精密检查后的结果详细地解释给病人及其家属听一样。想要获得他们对今后的治疗方针的理解和配合,这是不可或缺的事情。详细介绍病情后,医生还会具体地讲解治疗方案、指导怎样用药,不会有哪位医生只是简单地告知大致的病情就草草了事。

而释迦牟尼佛之所以赤裸裸地揭示了我们人的实相,详细地讲说了时时刻刻都在向着所有人逼近的后生一大事,是因为释迦牟尼佛清楚地知道解决后生一大事的方法。

将这条所有人都能够于今生解决后生一大事、获得无上幸福的道路传达给我们，正是释迦牟尼佛的"出世本怀"。释迦牟尼佛毕生的辛苦弘法，都是为了达成这个伟大的出世本怀。

那么，能够拯救这个吊在眼看就要断掉的纤细藤蔓上，心里却只想着五滴蜂蜜的旅人的方法，到底是什么呢？

释迦牟尼佛在其出世本怀经《大无量寿经》中，用八个字的断言简洁明快地告诉我们，那就是**"一向专念无量寿佛"**。

"一向专念无量寿佛"，这是释迦牟尼佛严格的教导。

亲鸾圣人[*]也斩钉截铁地告诉我们，"一向专念无量寿佛"这八个字，是释尊毕生所讲说的"一切经"的结论，也是释尊最关键的教义。

那么，释迦牟尼佛所说的"一向专念无量寿佛"，到底是怎样的教导呢？

"一向专念无量寿佛"的教导，简单地来说就是——"要把心只集中在无量寿佛一佛身上，一心一意只相信无量寿佛"。

---

[*]亲鸾圣人(1173—1263)：日本镰仓时代人，净土真宗的祖师。

接下来，"无量寿佛"又是怎样的一位佛呢？

"无量寿佛"是"阿弥陀佛"的别名。在世间，有很多人都以为释迦牟尼佛跟阿弥陀佛是同一位佛，但其实，他们是完全不同的。

释迦牟尼佛在两千六百年前出生于印度，是地球上唯一一位开悟了佛觉的人。

而这位释迦牟尼佛最敬仰的就是阿弥陀佛，他一向尊称阿弥陀佛为"我的老师"。

并且，释迦牟尼佛还说道："宇宙之中，存在着无数个像地球一样的世界。正如在地球上诞生了我（释迦牟尼佛）一样，大宇宙中有不计其数的佛存在。而阿弥陀佛，也是这一切诸佛的老师。"

也就是说，大宇宙中的无数的诸佛，全都是阿弥陀佛的弟子。出现在地球上的释迦牟尼佛也是阿弥陀佛的弟子之一，所以阿弥陀佛与释迦牟尼佛是师徒关系。

在释迦牟尼佛讲说的佛经中，随处都可以看到诸佛称赞阿弥陀佛的话语，由此也可以证实这件事。

阿弥陀佛乃诸佛中之王也。　　　《大阿弥陀经》
（阿弥陀佛是诸佛之王。）

诸佛光明之王，光明中之最极尊也。 《平等觉经》

（阿弥陀佛的力量是诸佛之中最强大的。）

像这样，不仅是释迦牟尼佛，大宇宙中的诸佛全部都称阿弥陀佛为"我的老师"，尊敬仰慕阿弥陀佛。

当然，这是有原因的。

那是因为，阿弥陀佛具有以释迦牟尼佛为首的大宇宙诸佛所没有的伟大的"佛德"。

根据这些殊胜的佛德，阿弥陀佛被赋予了许多尊号（别名），其中尤为著名的就是"无量寿佛"。所以释迦牟尼佛所教导的"一向专念无量寿佛"，就是在教导我们"要把心只集中在阿弥陀佛一佛身上，一心一意只相信阿弥陀佛。"

那么，释迦牟尼佛为什么会这样教导我们呢？原因就在于，悬挂在即将断裂的纤细藤蔓上却一心沉醉于五滴蜂蜜的旅人，无论依靠释迦牟尼佛的力量，还是十方诸佛的力量，都是绝对无法得到拯救的。

所以释迦牟尼佛倾尽一生教导我们，"只有阿弥陀佛，才能够拯救这个被一切诸佛所抛弃的、必将堕入波涛汹涌的深海被三条毒龙吞食的旅人。所以，要只向着阿弥陀佛一佛，一心一意只相信阿弥陀佛。"

阿弥陀佛的本愿

于阿弥陀佛而言,不必刻意去了解旅人之前的言行,通过对人的实相的细致观察就足以清楚知道，如此愚蠢且罪恶深重的人们，以十方诸佛的能力，是无法拯救的。于是阿弥陀佛发下了超世大愿,许诺说"我独自来拯救",这就是著名的"阿弥陀佛的本愿"。

阿弥陀佛在本愿中许诺说:"无论什么样的人，都必定在其活着的时候，于一念予以拯救，解决后生一大事，使其获得绝对的幸福，成为必往极乐净土之身。"

我们人会有失信的时候，但阿弥陀佛是不会言而无信的。

在本愿中阿弥陀佛甚至斩钉截铁地说，如果不能实现自己的诺言，我弥陀就舍弃佛的觉位。

于是，阿弥陀佛为了实现诺言，制造出了具有实现诺言力量的六字名号——"南无阿弥陀佛"。

关于六字名号，莲如上人这样说道:

所谓"南无阿弥陀佛",其字数不过六字,表面看来,似觉无何功能,然此六字名号之中,所含无上甚深功德利益之广大,却无极无限。

《御文章》第五卷第十三篇

莲如上人所说的具有"无上甚深功德利益"的六字名号——"南无阿弥陀佛"的功能,就是"破闇满愿"。

"破闇",指的是破除黑暗,使人们获得大安心。

"满愿",指的是满足愿望,使人们获得大满足。

譬喻中的旅人,手中抓住的藤蔓随时都会断裂,处于不安之中。而阿弥陀佛的本愿会让这样的旅人获得大安心——就是说,使旅人清楚地知道藤蔓断裂的时候,自己掉落的地方必定是极乐净土。这样的话,旅人就会感到无比的安心。

所以,为了拯救吊在纤细的藤蔓上,却沉迷于五滴蜂蜜的我们,释迦牟尼佛把传达阿弥陀佛的本愿当作了自己的出世本怀。

在佛经中,这样记载着释迦牟尼佛的话语。

所以出兴于世,（中略）欲拯群萌,惠以阿弥陀佛之

本愿。   **《大无量寿经》**

这句话是释迦牟尼佛的表白：我出生来到这个世上（地球上），是为了讲说阿弥陀佛的本愿，使所有的人都能够得到拯救，获得绝对的幸福。

为了使我们能够获得绝对的幸福，释迦牟尼佛和阿弥陀佛都付出了千辛万苦。亲鸾圣人这样阐述了他们所付出的辛苦。

释迦弥陀慈悲亲，
善巧方便施种种，
由此才能使我等，
发起无上之信心。　　（亲鸾圣人的和赞）

阿弥陀佛的本愿是怎样的诺言？如何才能得到本愿的拯救，获得无上的幸福？
八十年的一生中，释迦牟尼佛一直都在向我们讲说着、传达着这件事情。

人身难得今已得

对于已经站在佛教门前,正要学习佛陀教义的我们,释迦牟尼佛留下了一句至今仍在流传的宝贵遗训。

人身难得今已得,
佛法难闻今已闻。

"人身难得",释迦牟尼佛在这句话中,向所有人提出了一个发人深省的问题:"生而为人的意义是什么?"

对于自己出生为人,你是否觉得无所谓?甚至在痛苦的时候,还会憎恨或者后悔来到这个世上呢?如果是这样的话,那真的是太可惜了。生而为人,其实是极其值得感谢、无比幸福的事情啊——这正是释迦牟尼佛遗训中所说的"人身难得"的教诲。

关于"人身难得",释迦牟尼佛曾经和弟子们有过这样的问答。

释迦牟尼佛问弟子阿难:"你对自己出生为人这件事,是怎么想的呢?"

阿难回答说："我为此感到非常高兴。"

听到阿难的回答，释迦牟尼佛接下来讲了一个比喻。

"在无边无际的大海的海底，有一只眼睛看不见的乌龟。这只盲龟每隔一百年，才会把头伸出海面一次。

"海面上漂浮着一根浮木，浮木的正中间有一个小孔。

"浮木在广阔无垠的大海里，随着海风，忽东忽西，忽南忽北，漂浮不定。

"阿难呀，你觉得这只每隔一百年才会浮出海面一次的盲龟，会在浮上来的时候恰巧把头伸进那根浮木的小孔中吗？"

阿难立刻回答说："这种事情怎么可能！"

释尊接着问道："那你能断言绝对不会有这样的事情吗？"

阿难回答说："也许在几亿年乘上几亿年那么漫长的时间里，会有一次这样的机会。但是，这样的事情实在是太难得了，甚至都可以说是不会发生。"

这时，释迦牟尼佛教诲道："阿难呀，能够出生为人，是比那只盲龟把头伸进浮木的小孔还要困难的事情。其实，这才是真正难得的事情啊。"《杂阿含经》

释迦牟尼佛还以下面这个超出人们认知的比喻教导

我们出生为人有多难。

生人趣者，如爪上土。堕三途者，如十方土。

《涅槃经》

（出生为人的，只有指甲上的沙子那么少，而生在三途〔地狱、饿鬼、畜生〕苦界中的，却犹如宇宙中的沙子那么多。）

即使听到地狱、饿鬼、畜生，对我们来说，能够想象得到的至多也就是"畜生界"。

畜生界，指的是动物的世界。据说，现在地球上已经被人类认知，在生物学上被命名的动物，多达一百七十五万种以上。

再加上人类未知的物种，据推测，总数竟超过三千万种。

而仅取其中之一的蚂蚁为例，据说数量就有两京（两亿亿）只，是全世界人口的两百多万倍。

只是和这样的畜生界相比较，就可以知道出生在人界是多么难得的事情。

并且，释迦牟尼佛还告诉我们，比起畜生界，堕入到痛苦的饿鬼界与地狱界的生命其实更多，出生在人界，真的是极为稀少的事情。

"人身难得"，这可以说是我们要遇到佛缘需突破的第一道难关。

今生正是脱离苦界的大好机会

接下来，"佛法难闻今已闻"，这说的是什么意思呢？

"佛法难闻"是说，如果没有过去世以来的佛缘，是绝对不可能听闻佛法（阿弥陀佛的本愿）的。

我们产生想要听闻阿弥陀佛本愿的心，其实是非常不可思议的事情。释迦牟尼佛用一个比喻告诉了我们这有多么的不可思议——能够听闻阿弥陀佛的本愿，是比从喜马拉雅山的山顶上垂下一根线，让这根线穿过山脚下的针眼还要难的事情。

即使把针线拿在手中，想要穿针引线都是要费一番功夫的。更何况从八千多米高的山顶上垂下一根线，要让它穿过山脚下的针眼，说这是绝对不可能的事情也不为过吧。

放眼世间，好不容易出生到人世，得到了难得的人身，却与佛法无缘的人何其多也。

即使有幸遇到了佛法，也基本上都是那种宣称自己讲的是佛法，其实却只是佛法里冰山一角的教义。真正在讲说释迦牟尼佛的出世本怀——阿弥陀佛本愿的人，比雨夜里天上的星星还要稀少。

每当看到或听到这样悲惨的现状，都会令人对释尊留下的"佛法难闻"的遗训有更深切的体会。

"佛法难闻"，这正是我们结下佛缘的第二道难关。

有缘阅读本书到这里，听到了这难以听到的释迦牟尼佛的教义（阿弥陀佛的本愿）的您，无疑是佛缘非常深厚的人。

对突破了诸多难关得以结下佛缘的我们，释迦牟尼佛表示深深的祝福，并且这样激励我们：

此身不向今生度，

更向何生度此身。

（今生好不容易才出生到人界，如果不在今生得救，又能在哪一个世界获得拯救呢？唯一的机会就是现在。）

这句宝贵的话语，是释尊在向我们大声疾呼："今生，正是脱离苦界的千载难逢的好机会！"

听到释尊的鼓励,读者之中可能有人会灰心地想"我已经这个岁数了,跟我说什么都太迟了。"

然而,阿弥陀佛的本愿是只靠"闻"就能够获得拯救、得到绝对幸福的诺言,与年龄、能力等等都毫无关系。

关于阿弥陀佛的拯救,释迦牟尼佛简单明了地这样告诉我们:

诸有众生,闻其名号,

信心欢喜,乃至一念。　　　　《大无量寿经》

如果把释尊的这句话用平易的语言表达出来,那就是:无论什么样的人,都会在闻知阿弥陀佛制造"南无阿弥陀佛"之心意的"一念",获得无上的幸福。

"一念",是指比一秒钟还要短的时间。所以,这句话是释尊在断言:即使是临终之人,也能够得到拯救,死后往生极乐。也就是说,因为阿弥陀佛的拯救是于一念的拯救,所以任何时候都不会为时已晚。

释迦牟尼佛正是把这样的阿弥陀佛的本愿教给了我们,并且自始至终都在劝导我们要听闻阿弥陀佛的本愿。

生而为人的唯一目的

在本书搁笔之前，最后再介绍一则有关释迦牟尼佛的故事，这个故事为我们揭示了出生为人的目的。

传说，释迦牟尼佛一诞生，就向着东南西北四个方向各走七步，右手指天，左手指地，宣告说"天上天下，唯我独尊"。

即使是释迦牟尼佛，刚刚出生就走路说话，这也是难以想象的事情。佛经中记载的这个故事，其实是喻示了释迦牟尼佛一生的教义。

首先，"向着四个方向各走七步"，这是有着深刻寓意的。

释迦牟尼佛把苦恼不断的迷惑的世界分为六种教给我们，这就是地狱、饿鬼、畜生、修罗、人间、天上这六个世界。这六个世界被称为"六道"，也叫做"六界"。

释迦牟尼佛说，我们永恒的生命，一直在这六个世界中痛苦地流转，无限地重复着生生死死。这用佛教的话来说就叫做"六道轮回"。

而我们作为人出生而来的终极目的，就是要脱离这

六 道

地狱……痛苦最为激烈的世界。

饿鬼……无论是食物还是饮料都会化为烈火,无法入口,是因饥饿与干渴而痛苦的世界。

畜生……是狗、猫等动物的世界。这是弱肉强食的世界,也是经常会惴惴不安,充满恐惧的世界。

修罗……是因纷争不绝而痛苦的争斗的世界。

人间……苦乐参半,是我们人所生存的世界。

天上……六道中欢乐最多的世界,但依然属于迷界,既有悲伤,也有寿命终结之时。

六道轮回，永远离开痛苦的世界。如此看来，以"七步"象征从六道中出离，可以说是非常恰当的。

那么，释迦牟尼佛在此时所宣告的"天上天下，唯我独尊"，又具有什么样的含义呢？

"天上天下"指的是无论天上还是天下，即"在这个广阔的大宇宙中"。

下一句的"唯我独尊"，现在一般被理解为"只有我最尊贵"的意思。人们往往是在看到某些嚣张跋扈的人时，会说"那个人唯我独尊"，把这个词当成狂妄自大的意思。

但其实，"唯我独尊"也是受到人们误解的佛教词语之一。释迦牟尼佛所宣言的"唯我独尊"，和人们所理解的意思是截然不同的。

有句话说"稻穗愈熟头愈低"，越是高洁的有德之人，姿态就会越低，说话处事也越谦和有礼。

更何况是释迦牟尼佛，很难想象他会说出傲慢无礼的话来。

释迦牟尼佛所说的"唯我独尊"的"我"，其实是指"我们"，说的是所有的人。

"独尊"的意思是"独一无二的、唯一的尊贵使命"。

所以,"唯我独尊"就是释迦牟尼佛在庄严地宣告:"我们人,是带着独一无二的尊贵使命出生到这个世界上的。"

那么,我们出生为人的唯一一个尊贵使命到底是什么呢?

那就是,闻信阿弥陀佛的本愿,在今生得到绝对的幸福,死后永远出离地狱、饿鬼、畜生、修罗、人间、天上这些痛苦的世界。

释迦牟尼佛勉励我们说,在六个充满痛苦的世界中,只有生在人间界,才能够听闻阿弥陀佛的本愿,得到拯救,达成出世的本怀。

"我们出生为人的唯一目的,就是闻信阿弥陀佛的本愿,在今世获得永恒的幸福。"——这,正是释迦牟尼佛毕生的教导。

得到阿弥陀佛本愿的拯救,获得无上的幸福,这个得救的世界,经常被比喻为"大海"。

海纳百川,无边无际、广阔深邃的大海,是所有河流最终汇入的故乡。

即使是落在山巅的雨水，也会从山上流淌下来。就算暂时停留在水池、湖泊之中，最终也必将流入大海。

我们也是如此，即使经历种种波折，也一定会闻信阿弥陀佛的本愿，流入光明的广海——直到今天，释迦牟尼佛依然在向我们这样呼唤。

所有的河流一旦流入大海，就会成为一种味道。同样，一旦得到阿弥陀佛本愿的救摄，不分人种、贫富、能力，所有人都能够获得一味平等的幸福。

那么，"怎样才能流入大海呢？"或许有人会为此感到不安。其实，如果您已经阅读到了这里，那么您就像是落在海边的雨水，无上幸福的大海已经展现在您的眼前了。

回顾过去，想必您也曾经历过人生的巅峰与低谷，有过许多跌宕起伏的故事。

既感受过快乐、喜悦，为品尝到幸福的滋味而独自微笑；也饱尝过痛苦、悲伤，曾多次坠入泪水的深渊。

或许还有人经历千辛万苦，跨越了种种苦难才终于坚持到今天。

对于自己的人生，有的人为自己当初的抉择懊悔不已，也有人在反思自己长期的忍耐到底有什么意义。

然而所有这一切，其实都是为了达成生而为人的唯一目的所经历的路程，没有一个是毫无意义的——慈悲地守护着我们的释迦牟尼佛这样教导。

事实上，就在这个瞬间，我们每一个人都是在阿弥陀佛无量光明的照耀下，朝着无碍大道一步步前进的主人公。

附录

释迦牟尼佛是怎样的人？

释迦牟尼佛出生于大约两千六百年前。他是印度迦毗罗卫城的国王净饭王和王后摩耶夫人的长子，小时候被称为悉达多太子。

关于小时候的悉达多太子，有这样的传说。

悉达多太子年幼时就非常聪慧。据说，太子曾跟随国内最优秀的两位老师学习学问和武艺，但是这两位老师不久就提出了辞呈，告罪说"已经没有什么本领可以教给太子了"。

少年时代的太子性格沉稳，对事物有着非常深刻的思考。有一天，他看到鸟儿啄食虫子，得知了这个世界弱肉强食的真相。不牺牲其他生命就无法存活的残酷现实，令太子感到非常的痛心。

寻求超越衰老、疾病和死亡的幸福

太子长大后，还曾发生过这样一件事情。

有一天，太子离开王宫出城散心。

首先，太子从"**东门**"出城时，看到了满脸皱纹、腰背弯曲、手脚颤抖，拄着拐杖在蹒跚行走的老人，他非常震惊。太子知道了"无论是谁，即使现在青春年少，终有一天也会变得丑陋衰老，被当作累赘看待"，心情变得非常黯淡。

接下来，太子从"**西门**"出城时，看到皱着眉头咳嗽不止、痛苦喘息着的病人，他由此明白了"即使现在身体健康，也不过是暂时的安心"，受到了很大的打击。

之后，太子从"**南门**"出城时，遇到了送葬的队伍。看到一动不动的遗体，太子知晓了"虽然现在自己贵为太子受到众人的追捧，但迟早有一天必定会死去"，为此愕然不已。

而最后，当太子从"**北门**"出城时，他看到了修行者神态清明、平静安详的样子，深切地感受到"追求超越衰老、疾病和死亡的幸福，才是我应走之路"。

这个故事被称为悉达多太子的"四门出游"，为人们所熟知。

在王宫里未曾见过老人、病人和死人的太子，通过四门出游，明白了"不管现在多么健康，拥有多少财产、地位、名誉、才能，这些能够让我们感受到幸福的事物全部都会因为衰老、疾病和死亡而离开自己，无论什么样的幸福都不会长久"。得知了这件事，太子再也无法感到发自内心的安心和满足。

太子回到王宫后，当天晚上，他在半夜忽然醒来，看到了白天华衣丽裳、舞姿翩翩的美女们放浪形骸的不雅睡姿。不堪入目的丑态与白天优雅端庄的美丽姿态判若两人，这让太子震惊不已，如梦初醒。

原来世间所有的快乐都是如此，不过是一时的欺骗而已。太子意识到这一点，终于下定决心离开王宫，入山修行。此时，悉达多太子二十九岁。

此后六年，为了追求真正的幸福，太子开始了从未有人尝试过的艰苦修行。

终于，他在菩提树下开悟了"佛"这一至高无上的觉位。

说起开悟，佛教所说的"觉悟"从低到高共有五十二个不同的阶位。这叫做"觉悟的五十二位"。

打比方来说，就像是日本的相扑选手有很多级别，从低到高分别有"序之口""幕下""大关""横纲"等不同的名称一样，开悟的五十二个阶位也都有各自的名称。

在佛教里，把最高阶位的第五十二位称为"无上觉"，也叫做"佛觉"。只有开悟了"无上觉"的人，才能被称为"佛"，或者"佛陀"。

开悟了佛觉，就会证悟幸福的真理。

说到真理，既有像"水由氢、氧两种元素构成"这样的科学真理，也有"1＋1＝2"这样的数学真理。而佛教所说的真理，是指能让所有人获得真实幸福的真理。

关于证悟真理，有一个形象的比喻，那就是登山。登山时，比起海拔一百米高的地方，登上海拔五百米、一千米高的地方视野会更加开阔。爬得越高看得会越远，而只有登上山顶的时候，四面八方的景色才能够尽收眼底。同样，觉悟虽然有五十二个阶位，但只有到达了无上觉的人，才能够证悟幸福的全部真理。

到今天为止，在我们这个地球上，虽然有不计其数的人出生又死去，但是开悟了佛觉的人就只有释迦牟尼佛这一位。

所以一般说起佛，指的就是释迦牟尼佛。

那么，开悟到第五十二段无上觉的佛与我们人有什么样的差别呢？

佛教说，觉悟相差一段，在智慧上的差别就如同人与虫蚁之间的差别。

有这样一个故事。

夏日的某一天，一只蝉停在梅树上，它看到同一棵树上长出的梅子，有的大，有的小，有的圆，有的瘪，形状各异。

"这是怎么回事呢？"蝉一脸疑惑。

"你是六月份才从地里爬出来的，所以只知道夏天的事情。你不知道当你还在地下的时候，有一个叫做春天的季节。那时，这棵树上开满了白色的花朵。蜜蜂蝴蝶飞来，被它们损坏的花就结成了小果实，没被损坏的花则结成了大果实。"

"怎么会有这种事情？净胡说！"

无论怎么解释，以蝉的智慧，终究难以理解。

古语说，"夏蝉不知春秋"。在地面上只有七天生命的蝉，即使跟它讲春天和秋天的事情，它也完全不会明白。更何况去跟它讲"到了冬天会降下'雪'这种东西"，它就更感到莫名其妙了。

像这样，觉悟仅相差一段，智慧的差别就如同人与蝉的差距，更何况连一段都没有开悟的我们，与相差了五十二个阶位的佛相比，在智慧上当然会有天壤之别。

在佛教里，把人称为"凡夫"，所以人的智慧叫做"凡智"，而佛的智慧被称为"佛智"。

佛智有多么伟大，从下面的例子也可以窥见一斑。

证悟了佛智的释迦牟尼佛告诉我们，大宇宙中存在着无数个像地球一样的世界。

晴朗的夜晚，我们仰望天空，会看到满天灿烂的星斗。

我们所居住的地球，只是太阳系中的一颗星球，太阳系中还有水星、金星、火星、木星等行星，都是以太阳为中心在旋转着。

今天的天文学告诉我们，大约两千亿个这样的太阳系集结在一起构成的星系，叫做银河系，而银河系这样的星系在大宇宙中有一千亿以上。

释迦牟尼佛也在佛经中，将一千个像地球这样的世界的集合称为"小千世界"；将一千个小千世界的集合称为"中千世界"；将一千个中千世界的集合称为"大千世界"。释迦牟尼佛把这些世界统括在一起，称之为"三千大千世界"。也就是说，释迦牟尼佛早就用不同的说法把今天的天文学理论教给了我们。

当哥白尼从科学的角度提出地动说的时候，全世界的人都还在相信着天动说，以为地球是静止的，所有的星辰都在围绕着地球转动。然而，拥有了佛智的释迦牟尼佛早在两千多年前，就已经讲说了上述的宇宙观，这真是令人惊叹不已。

佛经，是释迦牟尼佛的演讲记录

释迦牟尼佛自从三十五岁开悟佛觉以来，直到八十岁去世为止，这四十五年之间，为了传播自身以佛智证悟的真理，走遍印度各地进行了许多讲演。

这些讲演被弟子们记录下来集结成册，这就是今天所说的"佛经"（一切经）。像是《大无量寿经》《法华经》

《般若心经》等，都是佛经的名称。

释迦牟尼佛所讲说的佛经共有七千多卷，统称为一切经。所以，一切经可以说是释迦牟尼佛一生的"演讲集"。

而在本书的开篇讲述的譬喻故事，正是这部演讲集里的《譬喻经》中所讲说的内容。

后 记

活在"无碍之一道"中

—— 人生的目的与《叹异抄》

亲鸾圣人在《叹异抄》中教导我们，人生的终极目的，是进入一切障碍都无法阻碍的"无碍之一道"，成为绝对的幸福之人。

并且告诉我们，进入了"无碍之一道"的话，"天神地祇都会尊敬地向其俯首礼拜，恶魔外道也无法阻碍"。

为我们揭示了这个人生目的的《叹异抄》，是一部在日本广为人知的古典名著。

那么它到底是怎样的一本书呢？

我将通过拙著《开启叹异抄》，详细地为大家解说。

想要进一步了解人生目的的读者，敬请阅读。

著者识

作者简介

高森显彻

1929年出生于日本富山县。龙谷大学毕业。

长期以来在日本及海外各地举办讲演会,并执笔写作。

著作有《人,为什么活着》《送给心灵的100束鲜花》

《南无阿弥陀佛是什么—名著《叹异抄》入门》

《开启叹异抄—无上幸福的世界》等。

均被翻译为英语、葡萄牙语、中文等多种语言。

《人,为什么活着》《送给心灵的100束鲜花》中文版已在中国出版发行。

画家介绍

Hidekichi Shigemoto

1957年出生于日本爱媛县。

毕业于大阪艺术大学设计系,现为该大学的客座教授。

曾任设计师、自由插画师,如今作为水墨画艺术家活跃在大众视野。

擅长使用传统画材"墨"进行创作,以充满速度感的笔触描绘音乐家、黑人、运动员等主题的作品,在日本国内乃至纽约引发热议,也收到不少来自海外的创作和展览邀约。

他还在个人展览及一些活动中进行现场绘画,开创了短时间内同时在几张画纸上绘制水墨画的独特风格。

人生的目的
　　超越衰老、疾病和死亡的幸福　　中国語(簡体字)版『人生の目的』

| 作　者 | 高森 显彻 | 著 者 | 高森 顕徹 |
| 译　者 | 《人生的目的》翻译组 | 訳 者 | 『人生の目的』翻訳チーム |

发行所　株式会社 1万年堂出版

〒101-0052　東京都千代田区神田小川町 2-4-20-5F
電話　03-3518-2126　FAX　03-3518-2127
https://www.10000nen.com/

印刷所　TOPPANクロレ株式会社

令和 7 年(2025) 2 月28日　第 1 刷発行

©Kentetsu Takamori 2025　Printed in Japan　ISBN978-4-86626-094-5 C0095

本书若有印装质量问题,出版社负责调换。
乱丁、落丁本は、ご面倒ですが、小社宛にお送りください。送料小社負担にてお取り替えいたします。
定価はカバーに表示してあります。

开启叹异抄——无上幸福的世界

佛学名著《叹异抄》解说书。
日文原版『歎異抄をひらく』销量已超过66万册。
被翻译成英语、葡萄牙语等多种语言。

《叹异抄》中揭示的,
得到了阿弥陀佛拯救的不可思议的世界
——"获摄取不舍之利益""无碍之一道"
是怎样的世界?
"为什么无论多么痛苦都一定要活下去?"
在充满不安、障碍重重的世界里,
《开启叹异抄》为我们解答了这个人生最大的疑问。

定价 1650 日元　页数 184　ISBN 978-4-86626-088-4

作者　高森显彻

南无阿弥陀佛是什么
——名著《叹异抄》入门

日文原版『歎異抄ってなんだろう』销量已超过10万册。
被翻译成英语、葡萄牙语等多种语言。

人,最终必定会死去,
却为什么无论多么痛苦都一定要活下去?
《叹异抄》中揭示的,
正是所有人渴求的"人为什么活着"的答案。
当然,在人生中,每个人都会遇到各种各样的事情。
不仅有欢喜、快乐的事情,也会有痛苦、悲伤的事情。
但是,当你得知了这个答案的时候,
迄今为止人生中的一切就都有了意义,
任何事情都不会是徒劳无益的。

作者　高森显彻
　　　高森光晴
　　　大见滋纪

定价 1540 日元　页数 152　ISBN 978-4-86626-083-9